Respekt!

Andrea Lienhart

Respekt!

Wie Wertschätzung im Job gelingt

1. Auflage

Haufe Group
Freiburg · München · Stuttgart

Bibliografische Information der Deutschen Nationalbibliothek

Die Deutsche Nationalbibliothek verzeichnet diese Publikation in der Deutschen Nationalbibliografie; detaillierte bibliografische Daten sind im Internet über http://dnb.dnb.de/ abrufbar.

Print: ISBN 978-3-648-14287-5   Bestell-Nr. 10561-0001
ePub: ISBN 978-3-648-14285-1   Bestell-Nr. 10561-0100
ePDF: ISBN 978-3-648-14286-8   Bestell-Nr. 10561-0150

Andrea Lienhart
Respekt!
1. Auflage, Oktober 2020

© 2020 Haufe-Lexware GmbH & Co. KG, Freiburg
www.haufe.de
info@haufe.de

Bildnachweis (Cover): © opolja, Adobe Stock

Produktmanagement: Anne Rathgeber/Jutta Thyssen

Für Ursa Paul

Inhaltsverzeichnis

Vorwort von Prof. Götz W. Werner

Als ich jung war, meinte ich, ich stünde auf meinen eigenen Füßen. Je älter ich werde, umso bewusster erlebe ich, dass ich auf den Schultern der Gemeinschaft stehe. Ohne die Leistungen all der Generationen zuvor – ohne das Wissen und die Methoden, die uns unsere Vorfahren mitgegeben haben – und ohne die Leistungen meiner Mitmenschen, ist mein Beitrag zur Gesellschaft nicht möglich. Arbeit findet gemeinsam mit anderen für andere statt.

Zeitgleich kann ich von dem, was ich selbst hervorbringe, nicht leben. Ich bin darauf angewiesen, dass eine Vielzahl von Menschen auf der ganzen Welt aktiv war, damit ich eine Tasse Kaffee trinken kann. Wir leben heute in einer faktischen Fremdversorgung.

In dieser Situation, in der Arbeit stets mit anderen für andere geleistet wird, müssen zwei Dinge zusammenkommen, dass meine Arbeit Sinn hat.

Erstens muss ich bereit sein, mich mit ihr verbinden zu wollen, die Aufgaben müssen für mich sinnvoll sein. Jeder Mensch sollte diejenigen ergreifen, bei denen er sich authentisch erlebt, denn seine Arbeit ermöglicht ihm, sich zu entwickeln, seine eigene Lebensbiografie zu gestalten.

Zweitens und genauso wichtig für meine Arbeit ist, dass sie meine Kunden – und schon mein nächster Kollege ist mein bester Kunde – als sinnvoll erkennen, denn ich arbeite darauf hin, dass ich Wertschätzung und Respekt erfahre. Die Gewissheit darum, dass meine Kunden meine Arbeit würdigen, gibt meiner Arbeit Sinn und trägt zu dem Wunsch bei, meine Arbeit noch besser machen zu wollen. Respekt begünstigt die Fähigkeit zur Selbstmotivation.

Heutzutage leiden wir an einer gesellschaftlichen Realität, in der wir vieles gering schätzen, was andere für uns leisten. Ein Ausdruck dieser Geisteshaltung ist, dass Manager Menschen im Unternehmen als Kostenfaktor sehen. Das ist ein Denkirrtum, denn die Beteiligten einer Arbeitsgemeinschaft bringen das Ergebnis hervor.

Ohne diese Erkenntnis hätte sich *dm-drogerie markt* nicht so konstant und positiv entwickeln können, denn eine Arbeitsgemeinschaft funktioniert umso besser, desto mehr die Leistungen des Einzelnen wertgeschätzt und respektiert werden.

Unser gesellschaftliches Bewusstsein der Notwendigkeit von Respekt, der die Mitmenschen ihre Arbeit als sinnvoll erleben lässt, gilt es zu befeuern. Die Lektüre dieses Buchs leistet einen wertvollen Beitrag dazu, jedem Interessierten die zahlreichen Facetten und unterschiedlichen Annäherungen an dieses Thema zu eröffnen. Sowohl der erste notwendige Schritt, der stets bei einem selbst beginnt, als auch der folgende, der die Mitmenschen einschließt – sei es im alltäglichen Miteinander, sei es als Führungskraft – werden anschaulich dargestellt.

Dies Buch möchte ich jedem nahelegen, um die neue gesellschaftliche Realität – dass wir an zu viel Geringschätzung leiden – mit dem Denken und dem Herzen erfassen zu können.

Prof. Götz W. Werner, Gründer und Aufsichtsrat von dm-drogerie markt

Einleitung

Respekt wünschen sich alle. Kein Wunder! Denn nur in einer Atmosphäre gegenseitiger Wertschätzung macht der Job Freude und wird zur Quelle von Zufriedenheit und Glück. Die Frage ist lediglich: Wie gelingt das?

Im Rahmen meiner Arbeit begleite ich seit vielen Jahren Menschen, die sich weiterentwickeln wollen. Diese Menschen kommen aus allen möglichen Branchen zu mir und stehen vor den unterschiedlichsten Herausforderungen. Es sind Führungskräfte, Angestellte, Selbstständige. So unterschiedlich die Lebenswelten der Menschen sind, die sich an mich wenden, so ähnlich sind die Fragen, die sie alle immer wieder herausfordern und beschäftigen. Das Thema »Respekt« spielt hierbei immer wieder eine zentrale Rolle, es ist Dreh- und Angelpunkt für Zufriedenheit und Erfolg im Beruf.

Denn wer wünscht sich nicht, von seinen Mitmenschen respektiert und geachtet zu werden? Wer wünscht sich nicht, im Job rücksichtsvoll behandelt zu werden und Anerkennung zu erfahren? Ob es sich nun um die Zusammenarbeit mit Mitarbeiterinnen und Mitarbeitern, Führungskräften, Kolleginnen oder Kunden handelt – hinter einer Vielzahl von »Schwierigkeiten« im beruflichen Miteinander steckt ursächlich oft ein Mangel an gegenseitigem Respekt.

Um die Bedeutung von Respekt zu *wissen*, ist eines. Ihn im beruflichen Alltag zu *praktizieren* und zur Lebenswirklichkeit werden zu lassen – schon schwerer! Ich habe dieses Buch geschrieben, um genau dabei Hilfestellung zu leisten. Es zieht die Summe aus meiner jahrzehntelangen Erfahrung mit dem Thema.

Vielen Menschen mangelt es bereits am Respekt sich selbst gegenüber. Sie wissen nicht, wie sie mit ihren Schwächen umgehen sollen oder wie sie ihre Stärken optimal nutzen können … Oder sie wissen nicht *wohin* mit ihren verschiedenen – manchmal höchst widersprüchlichen – Bedürfnissen. Diese Menschen möchte ich im ersten Teil meines Buches dabei unterstützen, ein großes »respektables« JA zu sich selber zu finden.

Der zweite Teil behandelt den Respekt, den wir vor anderen empfinden oder von anderen erhalten. Viele Menschen wissen nicht, wie sie mit ihren Kolleginnen und Kollegen angemessen umgehen sollen; sie fühlen sich im Berufsleben nicht ernst genommen. Für sie ist dieses zweite Kapitel geschrieben worden. Es führt über Leitgedanken ein in die Kunst des Perspektivenwechsels, in das Denken in Möglichkeiten; es zeigt auf, wie man am besten mit unangenehmen Gefühlen umgeht, sich mit dem richtigen Ton Respekt verschafft oder Konflikte realistisch behandelt – Schritt für Schritt.

Der dritte Teil wendet sich an die Chefetagen: Denn für Führungskräfte gelten beim Thema Respekt besondere Regeln. Wenn Sie eine Führungskraft sind, stehen Sie vor der Herausforderung, sich den Respekt Ihrer Mitarbeiter zu verschaffen und zugleich innerhalb der Abteilung oder des Teams, das Sie führen, den wechselseitigen Respekt hochzuhalten. Wie Ihnen das gelingt – das erfahren Sie hier!

Für Unternehmen hat das Thema »Respekt« über den ethischen Aspekt hinaus auch eine handfeste wirtschaftliche Bedeutung. Aktuelle Untersuchungen belegen: Wo Respekt gelebt wird, geht es allen Beteiligten gut. Nicht nur, was das Betriebsklima betrifft, sondern durchaus auch, was den Jahresumsatz anlangt. Respekt ist Gold wert – im buchstäblichen Sinn! Deshalb gibt es im dritten Teil des Buches unter dem Stichwort »Erfolgsfaktoren« eine Menge Hinweise darauf, wie Respekt im Unternehmen gefördert und gelebt werden kann.

Da ich bei meiner Arbeit dem Thema »Respekt« immer wieder begegne, sei es in Seminaren, im Coaching oder bei der Begleitung von Teams, habe ich mir vorgenommen, kein theoretisches Buch zu schreiben. Im Gegenteil: Mir war es wichtig, das Thema »Respekt« konkret und praxisnah zu bearbeiten. Die besten Überlegungen und Einsichten nutzen nichts, wenn wir sie nicht ins Handeln übersetzen. Darum finden Sie in meinem Buch eine Fülle von eingängigen, leicht umzusetzenden und auch humorvollen Beispielen und Übungen. Sie haben sich in meiner Praxis allesamt sehr oft bewährt.

Es gibt unzählige Wege, Respekt zu leben. Ich lade Sie ein, Ihren ganz persönlichen Weg zu finden!

Ihre Andrea Lienhart

Bei Personenbezeichnungen und personenbezogenen Hauptwörtern in diesem Buch wird versucht, sowohl die weibliche als auch die männliche Form gleich verteilt zu verwenden. Entsprechende Begriffe gelten im Sinne der Gleichbehandlung grundsätzlich für alle Geschlechter. Die ggf. verkürzte Sprachform hat nur redaktionelle Gründe und beinhaltet keinerlei Wertung.

Respekt im Job: Bestandsaufnahme

Vielleicht haben Sie dieses Buch in erster Linie zur Hand genommen, weil Sie eine Antwort auf die Frage erwarten, wie Sie sich mehr Respekt im Job verschaffen können. »Er respektiert mich einfach nicht!« oder »Der sollte sich nur *ein* Mal in meine Situation hinein versetzen!« oder »Unmöglich, wie meine Chefin mit mir umgeht! Was glaubt die eigentlich …!« Sind das Aussagen, die auch von Ihnen stammen könnten?

Womöglich sind Sie in Ihrer Arbeitsgruppe die Zielscheibe von Spott oder herabsetzenden Bemerkungen? Haben Ihre Kollegen es auf Sie »abgesehen«? Oder Sie denken sich zuweilen: »Ach, wenn ich meine Vorgesetzte oder meinen Bürokollegen oder diesen speziellen, sehr schwierigen Kunden bloß ein klitzekleines Bisschen verändern könnte – wie leicht und angenehm wäre dann die Zusammenarbeit!«

Vielleicht halten Sie dieses Buch aber auch in Ihren Händen, weil Respekt auf Ihrer persönlichen Werteskala schon immer ganz oben gestanden hat und Sie sich Anregungen wünschen, wie Sie diese noch stärker an Ihrem Arbeitsplatz bzw. in Ihrem Unternehmen umsetzen können, sei es in der Rolle des Mitarbeiters oder als Führungskraft.

Wie auch immer: Wir alle wissen sehr genau, wie gut es sich anfühlt, respektiert zu werden. Es gibt kaum einen anderen Wert, der so breite Zustimmung erfährt wie Respekt. Sei es zwischen Vorgesetzten und Mitarbeitern, zwischen Kolleginnen und Kollegen, zwischen Männern und Frauen, zwischen Jüngeren und Älteren, zwischen verschiedenen Abteilungen, zwischen Mitarbeitern und Kunden, zwischen Innen- und Außendienst, zwischen Verkäufern und Käufern …

Mitarbeiter wünschen sich Respekt

Wussten Sie, dass ein Vorgesetzter, der seinen Mitarbeitern mit Respekt begegnet, weltweit ganz oben auf deren Wunschliste an einen idealen Arbeitsplatz gehört? Sie wird einzig von dem Wunsch übertroffen, einer möglichst interessanten Arbeit nachgehen zu können – rangiert jedoch deutlich vor Faktoren wie »Bezahlung«, »Arbeitsplatzsicherheit«, »Aufstiegsmöglichkeiten« oder »Freizeit«. Doch respektvolle Chefs sind rar: In einer weiteren Umfrage sollten die Mitarbeiterinnen und Mitarbeiter ihre reale Arbeitsplatzsituation beurteilen – und da zeigte es sich, dass Vorgesetzte ihre Wertschätzung eher selten ausdrücken.[1]

Eine Befragung des internationalen Beratungsunternehmens Mercer in 22 Staaten belegt die hohe Einschätzung des am Arbeitsplatz erfahrenen Respekts weit über Deutschland und Europa hinaus. Global betrachtet ist Respekt einer der wichtigsten Faktoren überhaupt für das Engagement der Mitarbeiter in ihrem Job.

Ein Mangel an Respekt macht krank

»Ein Mangel an Wertschätzung macht krank«, sagt der Neurobiologe Professor Joachim Bauer, der die Bedeutung von Anerkennung und Wertschätzung für die Gesundheit und Leistungskraft von Mitarbeitern untersucht hat. »Wir Menschen sind aus neurobiologischer Sicht auf soziale Resonanz und Kooperation angelegte Wesen. Es ist der Kern aller menschlichen Motivation, zwischenmenschliche Anerkennung, Wertschätzung und Zuwendung zu finden und zu geben.«[2]

Fehlender Respekt kostet richtig viel Geld

Fehlender Respekt kostet richtig viel Geld: Im Auftrag des Bundesministeriums für Arbeit und Soziales hat das Kölner Institut *Great Place to work* eine Untersuchung unter 37.000 Mitarbeitern aus 314 Unternehmen durchgeführt. Ergebnis: Nur 36 Prozent der Beschäftigten fühlten sich an ihrem Arbeitsplatz anerkannt; die Befragten litten unter Angst um den Job, unter unfairer Bezahlung und mangelndem Respekt. Das hat Auswirkung auf die Motivation, auf die Krankentage, auf das Interesse der Mitarbeiter, im Unternehmen zu bleiben.

Auch andere Forschungsarbeiten – etwa am Institut für medizinische Soziologie am Universitätsklinikum Düsseldorf unter Professor Johannes Siegrist – stellen einen unmittelbaren Zusammenhang zwischen Respektlosigkeit am Arbeitsplatz und körperlichem wie geistigem Leistungsabfall fest.

Eine Untersuchung des Thinktanks *Level Playing Field Institute* in San Francisco beziffert den wirtschaftlichen Schaden, den qualifizierte Arbeitskräfte verursachen, die

---

1   Vgl. Niels van Quaquebeke, Sebastian Zenker & Tilman Eckloff: »Who cares? The importance of interpersonal respect in employees' work values and organizational practices.« In: HAFOS, Hamburger Forschungsberichte zur Sozialpsychologie, Fachbereich Psychologie, Arbeitsbereich Sozialpsychologie. 2006, Nr. 71.

2   Vgl. Joachim Bauer: Prinzip Menschlichkeit. Warum wir von Natur aus kooperieren.

kündigen und als Kündigungsgrund »Unfairness« angeben, allein in den Vereinigten Staaten auf 64 Milliarden Dollar. Soziale Gruppen wie Schwarze oder Homosexuelle verlassen nach derselben Studie zwei- bis dreimal so häufig ein Unternehmen aus Mangel an entgegengebrachtem Respekt als die übrigen Mitarbeiter.[3]

Die gute Nachricht: Ethik und Rendite lassen sich gleichzeitig verwirklichen
Auf der anderen Seite: Wo Respekt gelebt wird, arbeiten Unternehmen effizienter und erfolgreicher. Dort sind die Mitarbeiter weniger krank, kündigen seltener und zeigen mehr Eigeninitiative; Betriebsklima und Kundenbindung sind besser.

Eine Studie der Bonner Unternehmensberatung *Deep White* und dem *MCM Institute* der Universität St. Gallen kommt zu dem Ergebnis: »Die Arbeitswelt in deutschen Unternehmen ist insgesamt durch ›harte Werte‹ wie Macht, Verantwortung und Hierarchie geprägt. Zuviel Routine, Führung mit Angst oder eine schlechte Streitkultur haben aber einen nachgewiesenen, negativen Einfluss auf die Leistungsfähigkeit der Mitarbeiter und damit auf den Geschäftserfolg. (...) Der geschäftliche Erfolg ist abhängig von der Wertekultur. Ein Viertel des Erfolgs von Unternehmen kann mit der gelebten Wertekultur am Arbeitsplatz erklärt werden.«[4]

»Wie man in den Wald hineinruft, so schallt es zurück.« Wohl wahr! Denn eine Führungskraft, die ihre Mitarbeiter respektiert, erfährt automatisch ebenfalls mehr Respekt von diesen. Sie hat eine positivere Ausstrahlung, kann besser motivieren und wird im Endeffekt mehr Erfolg haben als jemand, der es an Respekt fehlen lässt. Respektvolles Handeln und wirtschaftlicher Erfolg widersprechen einander nicht.

Im Alltag herrschen zwar meist noch die alten Grundsätze, nach denen nur Gewinn und Marktanteil entscheidend sind. Natürlich ist es notwendig, die Arbeitsresultate im Auge zu behalten. Doch inzwischen ist klar, dass dies nicht die ganze Wahrheit ist. Untersuchungen belegen, dass Ethik und Rendite sich gleichzeitig verwirklichen lassen. Ja mehr noch: Wertschätzung und Wertschöpfung bedingen einander. Sie gehen Hand in Hand!

---

3   Bernhard Bauhofer: Respekt. Wie man kriegt, was für kein Geld der Welt zu haben ist, S. 111.
4   Deep White GmbH/Institute for Media and Communication Management St. Gallen (2004): Grundlagenstudie Wertekultur und Unternehmenserfolg. Bonn.

Respekt: Versuch einer Definition

Was hat es mit dem Respekt eigentlich genau auf sich? Was ruft ihn hervor? Wie drückt er sich aus? Wie wird er definiert?

Bevor Sie weiterlesen, beantworten Sie zunächst für sich selbst die nachfolgenden Fragen:

> **WIE DENKEN SIE ÜBER RESPEKT?**
>
> - *Was bedeutet für Sie Respekt?*
> - *Wo erleben Sie in Ihrem Alltag Respekt ganz konkret?*
> - *Wofür wollen Sie an Ihrem Arbeitsplatz respektiert werden?*

Mit Respekt verhält es sich ein bisschen wie mit Liebe: Vom Gefühl her weiß jeder sofort, was damit gemeint ist – doch eine eindeutige Definition zu finden, fällt schwer. Es gibt Respekt, der sich gewissermaßen auf Augenhöhe vollzieht, beispielsweise zwischen Arbeitskollegen. Doch auch der Führungskraft bringen wir Respekt entgegen – besonders, wenn wir deren Kompetenz und Führungsfähigkeit spüren. Andererseits erwarten wir ebenso, dass die Führungskraft uns ihrerseits mit Respekt behandelt. Für Mangel an Respekt, für Respektlosigkeit, haben wir alle ein Gespür. Eltern erwarten Respekt von ihren Kindern – und Kinder können durch Beobachtung ihrer Eltern und Bezugspersonen lernen, was respektvoller Umgang miteinander bedeutet. Alle wissen, was eine »Respektsperson« ist – denn von Respekt sprechen wir häufig auch im Zusammenhang mit Autoritäten und älteren Menschen. Respekt lässt sich durchaus erzwingen, er kann aus Angst gespeist sein: Herrscher fordern ihn gebieterisch von ihren Untertanen, Staaten verlangen, dass man ihre Symbole respektiert, und sanktionieren Respektlosigkeiten auf diesem Gebiet. Respekt muss sich nicht notwendigerweise auf andere Menschen beziehen: Vor großen Kunstwerken können wir Respekt empfinden ebenso wie vor der Stille einer Kirche oder vor der Herrlichkeit der Natur ... Nicht zuletzt spielt der Respekt, den wir unserer eigenen Person entgegenbringen, für unser Selbstgefühl eine entscheidende Rolle: Denn, dass ein Leben unter dem Siegel der Selbstwertschätzung anders verläuft als unter dem der Selbstverachtung, ist einsichtig.

Worauf sich die Respektbekundungen jeweils richten, hat sich über die Zeiten hinweg gewandelt. Wenn wir alte Filme anschauen, amüsieren wir uns manchmal: Wer da alles früher als »Respektsperson« galt! Der *Generation Internet* ist heute beinahe das gesamte Wissen der Welt durch wenige Mausklicks abrufbar. Kein Wunder, dass da der Respekt vor Titeln oder vor Experten schwindet … Und doch spricht der Soziologe Bernhard Bauhofer von der »neuen Sehnsucht nach Respekt im 21. Jahrhundert«. Persönlichkeiten, die authentisch, kompetent und erfolgreich sind, werden nach wie vor respektiert und bieten Orientierung. Wie andere Werte – Ehrlichkeit, Fairness, Höflichkeit, Gerechtigkeit, Verantwortungsbewusstsein – erfährt auch der Respekt in unserer Zeit eine Renaissance.

Was ist das also – Respekt? Ein Begriff, der viele Facetten umfasst – soviel ist sicher. Den Psychologen und Philosophen ist es bisher noch nicht gelungen, eine allgemeingültige Definition zu finden.

Sprachgeschichtlich hat »Respekt« mit »Schauen« und »Sehen« zu tun. Das Wort geht auf den lateinischen Ausdruck *respectus* zurück und auf das Verb *respicere* – beides ursprünglich Ausdrücke für das Zurückblicken. Im Deutschen haben wir in dem Wort »Rücksicht« eine wörtliche Entsprechung – ein Ausdruck, der seinerseits in das Begriffsfeld »Respekt« gehört. Denn wer Rücksicht nimmt, erweist anderen Menschen Respekt.

Respekt ist nicht gleich Respekt

»Respekt ist das, was man jemandem entgegenbringt, einfach weil er ein Mensch ist«, schreibt der Benediktinerpater Mauritius Wilde in seinem Buch über Respekt und Wertschätzung[5]. Doch Respekt ist nicht gleich Respekt. Das Wort »Respekt« kann Verschiedenes ausdrücken:

- Eine Haltung, die sich darin zeigt, einen anderen Menschen zu (be)achten – unabhängig von Herkunft, Aussehen, Religion, Status etc.
- Die Rücksichtnahme gegenüber anderen Menschen, gegenüber ihren Bedürfnissen und Verletzlichkeiten.
- Der Ausdruck einer angemessenen Distanz in einer Beziehung: »Hier bin ich, dort bist du.«
- Bei gleichberechtigten Partnern: die wechselseitige Wertschätzung auf gleicher Augenhöhe.
- Die Anerkennung einer besonderen Leistung.

---

5   Mauritius Wilde: Respekt. Die Kunst der gegenseitigen Wertschätzung. Vier Türme, Münsterschwarzach 2020.

Respekt *kann* an herausragende Leistungen gekoppelt sein – *muss* es aber keinesfalls. Denn Respekt steht allen Menschen zu – einfach, weil sie da sind. Niemand muss etwas »Besonderes« vorweisen können, niemand muss zuerst irgendwelchen Erwartungen entsprechen, um Anspruch auf respektvolle Behandlung zu haben. Respekt ist so nötig wie die Luft, die wir atmen – und er sollte auch so selbstverständlich sein.

Eine persönliche Erinnerung

Ich erinnere mich noch sehr genau an eine Situation, in der ich als junge Schülerin Respekt erlebt habe. Es war der Tag, an dem mir mein Klassenlehrer mitteilte, dass ich nicht versetzt werden würde. Sicherlich können Sie sich vorstellen, wie mulmig mir damals zumute war, als ich »zum Gespräch« gebeten wurde … Was mein Lehrer damals wörtlich zu mir sagte, weiß ich nicht mehr. Doch bis heute spüre ich noch die Freundlichkeit und Zuwendung, mit der er mir die unangenehme Botschaft übermittelte. Er gab mir zu verstehen: »Andrea, ich mag dich und schätze dich sehr. Es tut mir leid, dass du dein Klassenziel nicht erreicht hast, und ich unterstütze dich gerne, damit sich deine Leistungen in Zukunft wieder verbessern.«

Was habe ich als Schülerin (ich war damals ungefähr zehn Jahre alt) in dieser Situation gelernt? Ich habe gespürt, dass mein Lehrer mich trotz einiger schlechter Zensuren als Person achtete. Meine Leistungen waren das eine – sie waren der Grund, warum er mich nicht versetzen konnte. Doch zugleich hat er mir vermittelt, dass meine Leistungen nichts an dem Respekt änderten, die er mir als Mensch entgegenbrachte. Bis heute habe ich einen guten Kontakt zu diesem Lehrer, der jetzt dabei ist, seinen Ruhestand vorzubereiten.

Von Bewertung und Anerkennung

Der amerikanische Philosoph Stephen Darwall unterscheidet zwischen »vertikalem« und »horizontalem« Respekt. Der »vertikale« Respekt *bewertet* eine besondere Leistung. Er richtet sich zum Beispiel aufgrund ihrer Verdienste auf einen Nobelpreisträger, einen erfolgreichen Sportler oder auf eine tüchtige Führungskraft. Der »horizontale Respekt« dagegen ist bedingungslos; er wird jedem Menschen entgegengebracht, weil dieser eine autonome Persönlichkeit ist. Die »horizontale« Art von Respekt bewährt sich immer gerade dann, wenn es schwierig wird; wenn es zum Beispiel im Job problematische Gespräche, Absagen, Kritik oder personenbezogene Kündigungen gibt. »Der horizontale Respekt, die Anerkennung des anderen als autonomen Menschen, das ist die Basis für das Zusammenleben überhaupt«, sagt der Hamburger Respektforscher Niels van Quaquebeke.

Warum ist Respekt so wichtig?

Wie sehr wir auf Respekt angewiesen sind, spüren wir immer dann, wenn er uns fehlt – wir nicht genügend oder überhaupt nicht respektiert werden. Gerade in schwierigen Situationen ist es wichtig, vom anderen beachtet und gut behandelt zu werden.

Ein Fall von Respektlosigkeit

Ein junger Mann, der Teilnehmer eines Projektes für Arbeitssuchende, berichtete mir einmal von einem »Vorstellungsgespräch«. Er bewarb sich um eine einfache Aushilfstätigkeit als Lagerist. Ich erinnere mich noch genau, wie aufgeregt er schon Tage vor dem Vorstellungstermin war. Er hatte keine Ausbildung, war sprachlich nicht besonders gewandt und äußerst ungeübt für solche Situationen. Als er von seinem Termin zurückkam, war er deprimiert und traurig. Er erzählte mir: Außer ihm waren noch ungefähr 15 andere Bewerber zur selben Uhrzeit einbestellt worden. Nach einer Wartezeit betrat ein Mann den Raum – »keine Ahnung, wer das war« –, sah sich um, deutete mit dem Finger auf drei der Bewerber und sagte: »Du, du und du, mitkommen – die anderen können gehen!« Das war der »Vorstellungstermin«, dem der Teilnehmer mit solcher Spannung und Hoffnung entgegengefiebert hatte!

Zugegeben, hier handelt es sich um einen besonders extremen Fall von Respektlosigkeit. Leider könnte ich Ihnen noch viele derartige Beispiele nennen aus einer Zeit, in der ich Arbeitssuchende dabei unterstützte, wieder in Lohn und Brot zu kommen.

In einer solchen Situation, wie der beschriebenen, kommt es noch nicht einmal entscheidend darauf an, dass der junge Mann den Job nicht bekommen hat – viel verletzender war die Abwertung seiner Persönlichkeit zu einem ersetzbaren Etwas. Solche Situationen werfen ein Schlaglicht auf die Kultur in dem betreffenden Unternehmen. Verdient nur der Starke und Selbstbewusste Respekt – der Schwache und Hilfsbedürftige dagegen nicht?

Teil I: Respekt sich selbst gegenüber

»Respekt ruft Respekt hervor«

… schreibt der Benediktinerpater Mauritius Wilde. Das heißt: Wenn Sie selbst dem anderen Respekt entgegenbringen, können Sie am ehesten damit rechnen, auch selbst respektiert zu werden.

Bedeutet das, dass es Ihnen leichter fallen wird, den anderen zu respektieren, wenn Sie sich selbst respektieren können? Haben Sie überhaupt schon darüber nachgedacht, wie es mit Ihrem Respekt sich selbst gegenüber steht?

Bereits das Wort »Respekt« selbst lädt gewissermaßen dazu ein, einmal eine andere Brille aufzusetzen. Denn, wie erwähnt: Sprachgeschichtlich hat es mit »Schauen« und »Sehen« zu tun.

»RESPEKT« IN HINBLICK AUF DIE EIGENE PERSON BEDEUTET:
1. mit *Aufmerksamkeit und Freundlichkeit* auf sich schauen,
2. die eigenen *Bedürfnissen* berücksichtigen,
3. und sich selbst mit allen Facetten *anzunehmen*.

Jeder Erwachsene, der sich die Frage stellt, ob er sich selbst gegenüber ausreichend Respekt aufbringt, wird unweigerlich irgendwann damit beginnen, über seine Kindheit nachzudenken. Denn sie ist der Lebensabschnitt, der auf die spätere Selbstachtung einen entscheidenden Einfluss ausübt.

Schon Kinder wollen von anderen respektiert werden – in erster Linie natürlich von ihren Eltern. Neben Liebe und Zuwendung brauchen sie Respekt und Anerkennung, um zu wachsen und sich entfalten zu können. Je mehr wir während unserer ersten Lebensjahre mit unserem ganzen Potenzial gefördert werden und je mehr Respekt wir dabei erfahren, desto leichter fällt es uns später, eine respektvolle Haltung uns selbst und anderen gegenüber zu leben.

Wenn wir bereits bei unseren Eltern beobachten und erfahren, was es heißt, respektvoll miteinander umzugehen, dann lernen wir diese Haltung für unser ganzes Leben. Und wir lernen ebenso, auch mit uns selbst achtsam und respektvoll umzugehen, und unseren Wert gut einzuschätzen.

Jede Missachtung ist eine Verletzung der Seele. Wenn Erwachsene eher signalisieren: »Du störst«, »Du kannst das nicht«, »Du bist nicht richtig, so wie du bist« – dann kann ein Kind kein positives und starkes Selbstwertgefühl entwickeln. Dürfen Eltern, die ihrem Kind lange genug einreden, es sei ungeschickt und habe zwei linke Hände, erwarten, dass ihr Kind später eine besondere technische Begabung entwickelt? Eher nicht.

Versetzen Sie sich deshalb einmal zurück in Ihre Kindheit, in Ihr Elternhaus, in Ihre Schulzeit und denken Sie über die folgenden Fragen nach:

✒ WIE WAR DAS DAMALS BEI IHNEN?

- Wovor hatten meine Eltern Respekt, als ich klein war?
- Was haben mir meine Eltern oder andere wichtige Personen im Hinblick auf Respekt vermittelt und vorgelebt?
- Wie respektvoll sind meine Eltern oder andere wichtige Bezugspersonen mit mir umgegangen?
- Was habe ich als Kind über Respekt gelernt? Lässt sich vielleicht ein Muster erkennen nach dem Schema: »Immer wenn …, dann …«?
- Findet sich dieses Muster in Erfahrungen wieder, die ich im späteren Leben gemacht habe?
- Wo habe ich – als Kind oder später als Erwachsene(r) – Respektlosigkeit oder Missachtung erfahren?

Wenn Ihnen Szenen aus Ihrer frühen Kindheit oder den ersten Schuljahren vor die Augen treten, können Sie sicher sein, dass die Erinnerungen eine Spur in Ihnen hinterlassen haben – sonst würden sie Ihnen jetzt nicht wieder einfallen …

Lassen Sie uns nun wieder in die Gegenwart zurückkehren. Überlegen Sie: Wo stehen Sie heute? In welcher Weise haben sich Ihre Erfahrungen in Hinblick auf Respekt und Selbstrespekt niedergeschlagen? Vergleichen Sie: Welches Selbstbild haben Sie heute – welches Selbstbild hatten Sie als Kind? Welchen Wert messen Sie sich heute bei – und wie war das damals als kleines Mädchen oder als kleiner Junge? Erkennen Sie einen Zusammenhang zwischen damals und heute?

Inzwischen sind Sie erwachsen, und die Bezugspersonen, zu denen Sie als Kind aufgeschaut haben, haben getan, was sie konnten. Das bedeutet, dass Ihre Eltern bzw. Ihre Bezugspersonen jetzt ihre prägende Rolle verlieren. Nun kommt es darauf an, dass Sie das Steuer in die *eigenen* Hände nehmen.

Wir alle wollen ernst genommen, anerkannt und respektiert werden. Doch wenn wir immer nur hoffen, durch die Zuwendung von anderen Menschen glücklich werden zu können, machen wir uns etwas vor. Als Erwachsene müssen wir in Eigenverantwortung gehen.

Aber – und das ist die gute Nachricht – Respekt sich selbst gegenüber können Sie auch noch als Erwachsene(r) lernen. Voraussetzung dafür ist natürlich, dass Sie bereit sind, sich zunächst einmal aufmerksam selbst zu erforschen.

Wie hat Oscar Wilde einmal in netter Übertreibung gesagt? »Es ist eine Lebensaufgabe, sich selbst kennenzulernen«.

Deshalb lade ich Sie an dieser Stelle zu einer zweiten Fragerunde ein. Diesmal geht es darum, wo Sie heute im Hinblick auf Respekt sich selbst gegenüber stehen.

Der erste Teil der nachfolgenden Fragen gibt Ihnen eine Skala vor. Am Beispiel des Standes Ihrer Zufriedenheit mit sich selbst wäre »10« ein Zustand optimaler Zufriedenheit; »0« würde bedeuten: »Ich bin überhaupt nicht zufrieden!« Haben Sie einen Stift zur Hand? Dann geht's jetzt los:

> ✎ WO STEHEN SIE HEUTE?
>
> - Wie zufrieden bin ich mit mir selbst?
>   0 --- 1 --- 2 --- 3 --- 4 --- 5 --- 6 --- 7 --- 8 --- 9 --- 10
> - Wie viel Aufmerksamkeit schenke ich mir selbst?
>   0 --- 1 --- 2 --- 3 --- 4 --- 5 --- 6 --- 7--- 8 --- 9 --- 10
> - Wie viel Zeit gebe ich mir selbst im Lauf eines Tages, um über mich selbst nachzudenken?
>   0 --- 1 --- 2 --- 3 --- 4 --- 5 --- 6 --- 7 --- 8 --- 9 --- 10
> - Wie gut kenne ich meine eigenen Bedürfnisse?
>   0 --- 1 --- 2 --- 3 --- 4 --- 5 --- 6 --- 7 --- 8 --- 9 --- 10
> - Wie respektvoll gehe ich mit mir selbst um?
>   0 --- 1 --- 2 --- 3 --- 4 --- 5 --- 6 --- 7--- 8 --- 9 --- 10

Abschließend noch drei Fragen, bei denen Sie nichts ankreuzen müssen. Vielleicht sind sie deshalb besonders herausfordernd. Seien Sie freundlich, gespannt und offen im Hinblick auf Ihre eigenen Antworten ...!

- Wofür bin ich dankbar im Hinblick auf mich selbst?
- Was fällt mir schwer, an mir zu respektieren?
- Wie respektvoll gehe ich mit meinen Ressourcen, Grenzen und Einschränkungen um?

🖋 Auswertung: Welche Frage hat Sie am meisten angesprochen und beschäftigt? Was ist Ihnen aufgefallen?

Lassen Sie den kleinen Selbsttest ruhig noch eine Weile in sich weiter wirken. Wenn Sie in den kommenden Tagen weiterhin ab und zu an über die Fragen nachdenken, erhalten Sie mit Sicherheit noch weitere Einsichten über sich selbst.

1 Aus der Praxis: Sechs Schritte zu mehr Respekt vor sich selbst

Respekt vor sich selbst gewinnen Sie, indem Sie zunächst innehalten und auf sich selber schauen. Das ist die Voraussetzung. Sie erforschen sich, schenken sich selber Aufmerksamkeit – und zwar mit einer freundlichen und aufgeschlossenen Haltung.

Sechs Schritte führen zu mehr Respekt vor sich selbst: Zuerst lernen Sie, von Zeit zu Zeit ganz bewusst bei »sich selbst« zu sein. Dann beginnen Sie damit, Ihre eigenen Bedürfnisse zu begreifen, Ihre Stärken richtig einzuschätzen und Ihre Schwächen anzunehmen. Schließlich vertrauen Sie Ihrer eigenen Veränderungskraft so sehr, dass Sie sich voll und ganz bejahen können. Am Ende nutzen Sie wie von selbst Situationen des Alltags, um den Respekt vor sich selber immer tiefer in Ihr Leben hineinzulassen.

Im Folgenden gehen wir auf die praktische Umsetzung dieser sechs Schritte ein.

1.1 Nehmen Sie sich Zeit für sich

Haben Sie gelernt, Zeit mit sich selbst zu verbringen? »Natürlich!«, werden Sie antworten. »Ich mache von morgens bis abends nichts anderes.« So ist das jedoch nicht gemeint.

»Ich habe den Mount Everest bestiegen, um einmal tief in mich hineinblicken zu können«, hat Reinhold Messner gesagt. Keine Sorge! Sie müssen nicht bis in den Himalaya reisen, um mit sich selbst in Kontakt zu kommen. Für die meisten Menschen reicht dafür schon ein Spaziergang durch den nächstgelegenen Park aus. Wichtig ist nur, von Zeit zu Zeit aus der Mühle der täglichen Verpflichtungen und Selbstverpflichtungen herauszutreten, um ruhig in sich hineinzuhorchen.

Der Zeitmanagement-Experte Lothar Seiwert spricht davon, dass wir uns – neben Arbeit und Freizeit – ganz bewusst »Eigenzeit« gönnen sollten. Zeit, in der wir über uns selbst bestimmen, die wir ganz für uns haben. Jeder Mensch habe seinen eigenen Zeitrhythmus und dürfe sich nicht zu sehr hetzen lassen, auch nicht von eigenen Ansprüchen …

Zeit für sich selbst haben – das heißt auch, mit sich selbst ins Reine kommen zu können. Viele Menschen neigen zu großer Strenge gegen sich selbst. Sie stecken sich hohe Ziele und machen sich Selbstvorwürfe, wenn sie diese nicht erreichen.

Finden Sie also heraus, wo Sie ganz »bei sich selbst« sind! Das kann beim Spaziergang sein, beim Zeitunglesen oder beim Sport. Das kann in der Sauna sein oder in der Badewanne. Es kann beim Tagebuchschreiben sein oder bei einem Gespräch mit einem vertrauten Menschen. Die Situationen, die Ihnen wohltun, kommen Ihnen wie von selbst entgegen: Dort, wo Sie sich besonders wohl fühlen, sind Sie »zu Hause«.

Übrigens kann es eine Weile dauern, bis eine Entspannungstechnik richtig im Leben integriert ist. Bringen Sie also auch ein Stück Langmut mit bei der Suche nach sich selbst.

ÜBUNG: SICH VERWÖHNEN

Von Zeit zu Zeit sollten Sie selbst sich ganz bewusst etwas Gutes tun. Das geht auch mit wenig Geld. Wie wäre es, wenn Sie sich ab und zu einen Blumenstrauß schenken würden? Blumen im Raum tun unserer Seele wohl und sind auch schon für wenig Geld zu haben.

Auch wenn Sie sich etwas Außergewöhnliches *gönnen*, stellen Sie den Respekt vor sich selber (wieder) her. Denn indem Sie sich ein wenig verwöhnen, zeigen Sie sich symbolisch, was Sie sich selber *wert* sind. Erfüllen Sie sich also mit gutem Gewissen ab und zu einmal einen lang gehegten Wunsch. Das kann eine schöne Uhr sein, ein Daunenkissen, Fußballkarten, schicke Schuhe oder ein Abend in der Stadt – große oder kleine Geschenke, die Sie sich selber machen. Last, but not least: Lassen Sie sich durch Ihren Verstand, Ihre Ratio, diese besondere Freude nicht ausreden!

Eine andere Möglichkeit, zu sich selbst zu finden, ist es, seine Gedanken zu Papier zu bringen. »Wenn ich schreibe, betrete ich einen Raum der Stille, zu dem niemand Zutritt hat«, sagt der Benediktiner-Pater und Schriftsteller Anselm Grün. »Dort kann mich keiner verletzen. Beim Beten ist es ähnlich. Und übrigens auch beim Lesen. Wenn mir Menschen sagen: ›Zum Lesen komme ich höchstens eine Viertelstunde am Tag‹, dann antworte ich: ›Gut, aber in dieser Viertelstunde nimmst du dem Terror der Termine schon ein Stück weit die Macht. Du spürst dich anders – und das ist heilsam.«[6]

---

6   Christian Dombrowski: Der Unerschöpfliche. Ein Besuch bei Anselm Grün; in: Buchjournal Winter 2007, S. 37.

Es gibt viele Möglichkeiten, um über das Schreiben den Weg zum eigenen Inneren zu finden. Ich selbst mache immer wieder gute Erfahrungen mit kreativem Schreiben. Kennen Sie das? Nehmen Sie sich einmal Zeit dafür und probieren Sie es aus!

> 🖊 ÜBUNG: KREATIVES SCHREIBEN
>
> Wählen Sie sich möglichst einen regelmäßigen Termin in Ihrem Tagesablauf – vielleicht immer morgens vor der Arbeit oder immer abends vor dem Schlafengehen, wenigstens eine Viertelstunde lang. Suchen Sie sich einen Platz in Ihrer Wohnung, der Ihnen gut gefällt, benutzen Sie einen schönen Schreibblock! Beginnen Sie zu schreiben … Lassen Sie Ihre Gedanken einfach strömen. Notieren Sie, was immer Ihnen durch den Sinn geht – und seien Sie neugierig darauf! Machen Sie sich zunächst keine Sorgen, ob das, was Sie schreiben, irgendwelchen Anforderungen genügt – noch nicht einmal Ihren eigenen. Lassen Sie die Worte einfach sprudeln! Wichtig dabei ist nur, dass Sie den Stift nicht absetzen. Falls Sie zunächst keine Idee schreiben Sie einfach immer wieder »Mir fällt nichts ein« auf Ihr Blatt – Sie werden sehen: Gerade *dadurch* locken Sie die Gedanken hervor. Bald merken Sie, wie Sie beim Schreiben Flügel bekommen. Eine fantastische Methode, den Geist zu befreien – für viele der Weg zu sich selbst.

1.2   Respekt vor den eigenen Bedürfnissen

Respektlos mit selbst gegenüber verhalte ich mich auch dann, wenn ich berechtigte Bedürfnisse, die ich habe, immer wieder ignoriere oder verdränge. Ein solches Bedürfnis kann zum Beispiel sein: »Ich will mehr *Anerkennung* bekommen.« Oder: »Ich will *ernst genommen* werden!« Oder: »Ich will *dazugehören*!« Oder: »Ich will mich in *Sicherheit* fühlen!« Oder: »Ich will *Unterstützung* bekommen!« Es ist gar nicht leicht, solche spezifischen Botschaften überhaupt zu erkennen; ich muss aufmerksam in mich hineinhorchen. Es braucht Auseinandersetzung mit seinem Inneren, um sich darüber klar zu werden: Was *brauche* ich? Was brauche ich in meinem Job? Oder: Was brauche ich *aktuell*, genau in diesem Moment?

Der Schlüsselsatz, der uns auf die Spur der eigenen Bedürfnisse bringt, lautet: »Ich brauche …«. Er hat *nichts* mit Egoismus zu tun; keine »Ich-zuerst-Haltung« ist damit verbunden. Vielmehr zielt der Satz »Ich brauche« auf die Notwendigkeiten des Lebens, auf die einfachen wie die sublimen: Ich brauche Essen, ein Dach über dem

Kopf, ich brauche einen Platz zum Schlafen ... Doch um mich wirklich wohlzufühlen, brauche ich darüber hinaus auch Sicherheit und Schutz; ich brauche das Wohlwollen anderer Menschen; ein Netzwerk von Freunden, in das ich mich fallen lassen kann, wenn es nottut. Ich brauche die Gesundheit meines Körpers und meiner Seele, um mich wohlzufühlen, und Anregungen für meinen Geist. Ich brauche *Aufgaben* – sogar die heilsame Routine täglicher *Pflichten* und *Verantwortungen*. Ich brauche das Vertrauen, dass das Leben mir immer neue Chancen eröffnet, sodass für all meine Bedürfnisse gesorgt ist. Einen behaglichen Platz im Leben brauche ich, der mir das Gefühl von Geborgenheit vermittelt, sodass ich mir sagen kann: »Im Grunde ist doch alles, was ich benötige, schon da! Mit geht es rundherum gut. Ich bin wie ein Baum, der in den Himmel ausgreift, getragen von einem reich verzweigten Wurzelwerk, fest in der Erde.«

> ✏ ÜBERLEGEN SIE EINMAL:
>
> - Wen kennen Sie persönlich, der gut nach sich selbst schaut? Wie macht er/sie das?
> - Was brauchen Sie Tag für Tag, damit es Ihnen gut geht? Notieren Sie alles, was Ihnen helfen könnte, wieder ins Gleichgewicht zu kommen.
> - Versorgen Sie sich im Job wirklich mit allem, was Sie brauchen, um sich zufrieden und präsent zu fühlen?
> - Was tun Sie, um sich selbst zu unterstützen?
> - Was brauchen Sie jetzt, genau in diesem Moment?

Warten Sie nicht darauf, dass andere Ihnen geben, was Sie brauchen! Machen Sie sich bewusst, dass Sie alleine für die Befriedigung Ihrer Bedürfnisse verantwortlich sind! Schließlich sind Sie selbst der Mensch, der Sie am besten kennt; Sie wissen genau, was Sie mögen und was nicht, was Sie sich wünschen und wonach Sie sich sehnen. Schließen Sie Freundschaft mit sich selbst.

Es gibt viele Möglichkeiten, gut für das sorgen, was Sie lebendig hält und an Ihrem Arbeitsplatz unterstützt.

Fragen Sie sich, was Sie selbst tun können, damit Sie sich an Ihrem Arbeitsplatz sicher, stark und wohlfühlen. Zum Beispiel, indem Sie:
- Ordnung und Sauberkeit (wieder-)herstellen,
- bequeme Kleidung tragen,
- für regelmäßige Arbeitszeiten sorgen,

- täglich eine warme, ausgewogene Mahlzeit einnehmen,
- früh ins Bett gehen bzw. sich ein ruhiges Wochenende zu Hause einrichten.

SORGEN SIE FÜR RITUALE

Ein Morgenritual könnte etwa sein: »Ich bin immer eine Viertelstunde vor meinen Kollegen am Arbeitsplatz, damit ich noch Zeit finde, mich zu sammeln und zu sortieren, bevor die Arbeit beginnt.«

Ein Mittagsritual könnte sein: »Ich verlasse zur Mittagszeit meinen Schreibtisch. Ich mache es mir zur Gewohnheit, niemals gleichzeitig zu essen und zu arbeiten.«

Ein Abendritual könnte sein: »Ich lasse den Tag bewusst ausklingen, überlege mir, was er Neues gebracht hat, und was ich loslassen kann. Ich räume meinen Schreibtisch auf, bevor ich den Arbeitsplatz verlasse.«

Anderen zeigen, was Sie brauchen

Schon für unsere eigene Person haben wir es oft schwer genug herauszufinden, was wir *wirklich* brauchen – wie schwierig ist es dann erst für unsere Vorgesetzte und Kollegen! Diese sind in der Regel weder Psychologinnen noch Hellseher. Woher sollen sie also wissen, was mich belastet, wenn ich es nicht zeige? Wie sollen sie mir mit Rat und Tat zur Seite zu stehen, wenn sie keinen Einblick darin haben, was ich brauche, um gut arbeiten zu können?

Wer im Job unverstellt bekundet, was in seinem Inneren vor sich geht – zum Beispiel: »Ich bin nervös« oder »Die Arbeit strengt mich sehr an« oder »Ich werde nachmittags immer ganz müde« –, wer mitteilt, was er gerade fühlt, was ihn gerade ärgert, erfreut oder verletzt, der muss damit rechnen, gelegentlich in eine »Psychokiste« gesteckt zu werden und zu hören: »Das tut hier nichts zur Sache!« oder »Bleiben Sie doch bitte sachlich!«

Aber: Sie können durch Emotionalität durchaus auch ge*winnen*! Gerade *weil* Sie offen und respektvoll über Ihre Bedürfnisse und Empfindungen sprechen und keine Spielchen spielen, um sich stärker oder klüger oder besser erscheinen zu lassen.

Ein hilfreiches Sprichwort lautet:

Wenn du etwas zu verbergen hast, dann zeige es – die anderen merken es sowieso.

Obwohl wir alle nicht hellsehen können, um gleich erkennen zu können, wie es im Inneren unserer Mitmenschen aussieht, besitzen wir doch sensible Antennen, die uns anzeigen, wenn einer von ihnen etwas kompensieren möchte.

Wenn jemand zum Beispiel immerzu ängstlich denkt: »Oh weh, ich hatte Ärger an meinem letzten Arbeitsplatz, hoffentlich spricht mich keiner darauf an? Denn was soll ich dann sagen?« – dann ist es oft wie verhext: Meistens steuert der Betreffende selber im Gespräch gerade auf diesen wunden Punkt hin … Oder schaut auf den Boden, wenn er darauf angesprochen wird – dann weiß jeder gleich, wie es in ihm aussieht, noch ehe ein Wort gefallen ist …

Warum dann überhaupt so viel Energie darauf verwenden, Dinge zu verbergen oder zu kompensieren, wenn die anderen das sowieso durchschauen? Warum sich nicht deutlich dazu bekennen: »Ja, das *ist* so bei mir, darüber bin ich selber nicht glücklich, aber es gehört *auch* mit zu mir.«

Sie werden nicht nur in den Augen vieler anderer Menschen an Sympathie gewinnen. Sie werden auch schlicht Kräfte sparen, weil Sie nicht mehr in übertriebenem Maße auf Ihre Fassade achten müssen – weil Sie gewissermaßen ohne Umwege direkt aus dem Herzen sprechen können. Möglicherweise wird man Sie gerade *dafür* respektieren.

Was haben Sie zu verlieren, wenn Sie über Ihre Schwächen ganz offen sprechen? Sie büßen vielleicht ein wenig von Ihrer »Coolness« ein.

Und was haben Sie zu gewinnen? Sehr viel: Souveränität, Authentizität und den Respekt der anderen!

Eine Frage der Kommunikation
Den anderen zu zeigen, was ich brauche – das heißt oft auch ganz schlicht: Ich muss *kommunizieren*. Ich muss den anderen auf irgendeine Weise signalisieren, worum es mir geht. Das ist erstaunlicherweise keineswegs selbstverständlich, sondern stellt gerade in der Arbeitswelt oft ein Problem dar.

Immer wieder beobachte ich, sowohl bei Mitarbeitern und Mitarbeiterinnen als auch bei Führungskräften, dass viele davon ausgehen, dass es schon »irgendwie« klar sei, was sie von anderen erwarten … Und dann beklagen sie sich beispielsweise, dass die Kollegen keine Rücksicht nehmen, zum Beispiel wenn sie konzentriert an einer besonders schwierigen Aufgabe arbeiten. »Denn man sieht doch gleich, dass ich nicht gestört werden will!«

Wenn ich nachfrage: »*Woran* erkennt man es denn?«, bekomme ich Unterschiedliches zu hören. Zum Beispiel: »Mein Schreibtisch liegt dann voller Akten – daran merkt man doch, dass ich viel zu tun habe!« Oder: »Ich schau dann eben nicht hoch, wenn jemand vorbei geht« oder dergleichen.

»Haben Sie denn irgendeine Vereinbarung mit Ihren Kollegen getroffen, die klar macht, dass Sie nicht gestört werden wollen?«, frage ich weiter. »Sind Sie sicher, dass Ihre Kollegen wirklich wissen, was der volle Schreibtisch oder Ihr Blick auf die Tischfläche signalisieren sollen? Gibt es zwischen Ihnen diese Absprache?«

Genau das ist eben meistens *nicht* der Fall! Deswegen die Störungen – aus keinem anderen Grund! Die anderen Mitarbeiter unterbrechen ihren fleißig-konzentrierten Kollegen mit allerbestem Gewissen. Es handelt sich dann gar nicht um einen Mangel an Respekt. Sondern um einen Mangel an Kommunikation.

🖉 WIE SIGNALISIERE ICH MEINEN KOLLEGINNEN UND KOLLEGEN IM ARBEITSALLTAG, ...

- dass ich ungestört arbeiten will?
- wie es mir heute geht?
- dass ich etwas Bestimmtes brauche?
- dass ich sie als Kollegen respektiere?

Möglicherweise kommen Sie gut mit Ihren Kollegen aus. Vielleicht aber könnte das Miteinander noch besser sein. Durch diese Übung wird es Ihnen gelingen, sich gewissermaßen von »außen« zu betrachten und – falls erforderlich – Ihr Verhalten entsprechend einzurichten.

1.3   Respektvoller Umgang mit den eigenen Stärken

Nun kommen wir zu Ihren Stärken und Talenten. Haben Sie eigentlich vor Ihren eigenen Leistungen Respekt? Fällt es Ihnen leicht, Ihre Stärken wertzuschätzen und zu respektieren?

»Natürlich«, mögen Sie jetzt vielleicht denken.

Sind Sie ganz sicher?

Verblüffend viele Menschen sind sich bereits darüber im Unklaren, worin ihre Stärken und Talente eigentlich liegen. Gehören Sie auch dazu?

Oder haben Sie Eigenschaften oder Fähigkeiten, auf die Sie so richtig stolz sind?

Wenn Sie jetzt diese Aussage nicht lauthals bejaht haben, wird die folgende Übung sicherlich hilfreich für Sie sein:

✐ WELCHE STÄRKEN HABE ICH?

Fertigen Sie eine Liste an mit Ihren Talenten und Stärken! Überlegen Sie: Was kann ich gut? Womit und wobei habe ich oft Erfolg? Was geht mir leicht von der Hand? Welche Stärken werden mir von anderen zugeschrieben? Welche meiner Begabungen hat mir schon oft Lob, Anerkennung, vielleicht sogar Bewunderung eingetragen? Schreiben Sie einmal getrost alles auf, worauf Sie stolz sind!

Notieren Sie für den Anfang in die untenstehenden Zeilen mindestens zwanzig positive Eigenschaften oder Fähigkeiten, die Sie selbst möglichst genau beschreiben. Denken Sie nicht lange nach. Alles, was Ihnen spontan einfällt, soll aufs Blatt. Los geht's:

Meine Stärken und Talente:

1. _____
2. _____
3. _____
4. _____
5. _____
6. _____
7. _____
8. _____
9. _____
10. _____
11. _____
12. _____

13. _____
14. _____
15. _____
16. _____
17. _____
18. _____
19. _____
20. _____

Auswertung: Wie lange haben Sie gebraucht? Machen Sie sich mit Ihrer Liste intensiv vertraut, sodass Sie sie innerlich jederzeit abrufen können. Sie werden merken, wie Sie schon nach kurzer Zeit mehr Zutrauen zu sich selbst gewinnen, wenn Sie Ihre starken Seiten gewissermaßen schwarz auf weiß haben. Rufen Sie sich Ihre Liste immer wieder in Erinnerung – gerade auch in Phasen, in denen Sie sich Ihrer selbst nicht so sicher sind.

Im Berufsleben gibt es viele Situationen, in denen es darum geht, die eigenen Stärken zu *benennen*: im Mitarbeiterjahresgespräch beispielsweise oder im Vorstellungsgespräch … Wenn Sie dann Argumente brauchen, um Ihre Stärken zu untermauern, sollten Sie konkrete Beispiele dazu griffbereit haben. Versuchen Sie es einmal:

🖉 FINDEN SIE KONKRETE BEISPIELE, MIT DEREN HILFE SIE IHRE STÄRKE BELEGEN KÖNNEN.

Eigenschaft	Beispiele
1.	
2.	
3.	

Erweitern Sie Ihre Liste kontinuierlich! Sprechen Sie mit anderen – mit Ihren Freunden, mit Kolleginnen, mit Ihrer Führungskraft – mit Menschen, die Sie mögen und gut einschätzen können! Denken Sie nach: Wer kann Ihnen dabei helfen, der ganzen Fülle Ihrer Stärken auf die Spur zu kommen? Wahrscheinlich werden Sie schon sehr bald bei einem Blick auf Ihre Liste beeindruckt vor dem Facettenreichtum all Ihrer Fähigkeiten und Möglichkeiten stehen!

Wenn Sie sich Ihre Stärken immer mehr bewusst werden und verinnerlichen, dann fallen Ihnen in der entsprechenden Situation auch die passenden Worte ein, ohne dass Sie lange überlegen müssen. Sie werden glaubwürdig und authentisch wirken. Ihre Körpersprache wird wie von selbst mitgehen und Sie wirken authentisch bis in die Fingerspitzen.

Wer sich authentisch vermitteln kann, wird von anderen respektiert – und respektiert sich auch selber.

Von der Kunst, Lob anzunehmen

Das Lob und die Komplimente, die wir bekommen, sind eine Art Spiegelbild unserer Stärken. Ist gelobt werden tatsächlich eine Kunst? Fast könnte man es meinen. Vielen Menschen fällt es jedenfalls schwer, ein Lob überhaupt anzunehmen.

Kennen Sie folgende Reaktionen, wenn ein Chef beispielsweise das Engagement einer Mitarbeiterin hervorhebt? »Nicht der Rede wert.« Oder »Ja, aber das war keine Kunst ...« Oder: »Ach, das ist doch selbstverständlich.« Oder: »Das gehört doch zu meinen Aufgaben!«

Ähnlich verhält es sich bei einem meiner Seminarteilnehmer, einer Sportskanone sondergleichen, der mehrere regionale Meistertitel in den unterschiedlichsten Disziplinen hält. Wenn man ihm aber Anerkennung dafür ausspricht, antwortet er zum Beispiel: »Ah, das ist gar nichts! Die hundert Meter bin ich schon einmal viel schneller gelaufen.«

Dass Komplimente in falscher Bescheidenheit abgewehrt werden, statt sie freundlich und fröhlich entgegenzunehmen, können wir täglich beobachten – am Ende gar bei uns selbst ...

»Das haben Sie wirklich toll gemacht, danke schön!« Und was antworten Sie? »Ach, das war doch nicht der Rede wert.« Oder: »Das war ja nichts Besonderes!« Oder, halb entschuldigend: »Ach, hat ja Spaß gemacht« – als ob es verboten wäre, seine Aufgaben mit Freude an der Sache zu erledigen! Wir freuen uns doch immer, wenn wir einen Menschen treffen, der seine Aufgabe gerne tut.

Ähnlich verhält es sich, wenn man beobachtet, was Menschen sagen, wenn sie ein Dankeswort entgegennehmen. Viele entgegnen: »Kein Problem«, oder »Passt schon«, oder »Schon recht« – alles einschränkende Äußerungen! »Gern geschehen!« bleibt jedoch die beste Reaktion auf empfangenen Dank.

Bereits solche kleinen Situationen können dazu beitragen, den Respekt vor sich selber aufrechtzuerhalten. Wenn für Sie selbst und für andere spürbar ist: »Ja, vor meinen eigenen Leistungen habe ich Respekt!«

Sich zu bedanken ist eine besonders schöne Form, Respekt auszudrücken. Am besten, Sie machen gleich ein Hobby daraus!

✎ SICH BEDANKEN

Machen Sie es sich zur Gewohnheit, an jedem Abend wenigstens drei Dinge aufzuschreiben, die Sie im Lauf des Tages erlebt haben und für die Sie dankbar sein können. Sind Sie gesund geblieben? Hat Sie unterwegs ein netter Mensch angelächelt? Haben Sie eine nette E-Mail bekommen? Konnten Sie über sich selbst lachen? Haben Sie einen 20-Euro-Schein im Mantel vom letzten Winter gefunden? Haben Sie zufällig mitbekommen, wie jemand etwas Nettes über Sie gesagt hat? Es muss gar nichts »Sensationelles« gewesen sein … Sind Sie auf einen schönen Gedanken gestoßen, der Sie überzeugt hat und den Sie weiterdenken werden? Haben Ihre Kollegen Sie spüren lassen, dass Sie willkommen sind? All dies sind kleine Lebensmomente, für die Sie immer wieder »danke« sagen können.

1.4   Schwächen respektieren?

> *»Respekt hängt mit Toleranz zusammen, in erster Linie gegenüber uns selbst. Denn wenn wir uns selbst nicht akzeptieren können, ist es sehr schwierig, eine andere Person, so wie sie ist, zu akzeptieren.«*
> *Juanes, kolumbianischer Sänger*

Die eigenen Schwächen brauchen unseren Respekt am nötigsten. Respekt vor den eigenen Schwächen haben – das bedeutet *nicht* (um das gleich vorwegzunehmen), dass ich sie gutheiße und dass ich nicht an ihnen arbeiten müsste. Sondern damit ist gemeint, dass es uns gewöhnlich am allerschwersten fällt, uns auch einmal ohne Scheu *die* Dinge anzuschauen, die wir *nicht* an uns mögen.

Manchmal kokettieren wir mit den Schwächen, die wir haben. »Huch, ausgerechnet *ich* soll vor einer Menschenversammlung sprechen? Das kann ich nicht. Ist mir unmöglich.« Meist sprechen Menschen so, die kaum je einmal in die Verlegenheit kommen werden, wirklich eine Rede vor einer großen Versammlung zu halten. Wo Schwächen nicht wehtun – da fällt es allen leicht, diese zu benennen. Weil sie uns dann nicht wirklich nahe gehen. Das Sprechen über sie ist in diesem Fall eine recht oberflächliche Angelegenheit, die unter Umständen sogar unser Unterhaltungsbedürfnis befriedigt.

Anders verhält es sich dagegen mit Schwächen, die uns *wirklich* zu schaffen machen, mit denen wir hadern, Dinge, die uns unangenehm oder peinlich sind, für die wir uns schämen.

Welche Schwächen sind das, auf die wir nur ungern öffentlich blicken lassen, über die zu reden wir uns scheuen? »Ich habe furchtbar Angst, abgelehnt zu werden« wäre ein Beispiel dafür. Oder: »Ich bin unehrlich.« Oder: »Ich bin launisch, ich bin habgierig, missgünstig, eifersüchtig. Ich bin neidisch.« *Das* sind Eigenschaften, von denen fast *nie* jemand spricht!

Natürlich wäre es unprofessionell, im Beruf all seine Schwächen vollkommen ungeschützt zu präsentieren. Ob – und wie – Sie Ihre Schwächen darstellen können, davon war schon weiter oben die Rede (siehe Kap. 1.2). An dieser Stelle soll es zunächst darum gehen, wie Sie Ihre Schwächen genau wie Ihre Stärken respektieren können. Denn das ist eine echte Herausforderung!

1. Schritt: Die eigenen Schwächen »wahr-nehmen«
Wenn Sie damit beginnen, sich Ihre Schwächen bewusst zu machen, geht es zunächst einmal darum, diese »wahr-zu-nehmen« … »Wahr-nehmen« im doppelten Wortsinn: Sie zu bemerken und sie zugleich für »wahr« zu nehmen und sie zu »nehmen« – also annehmen und akzeptieren als Teil von sich selbst. Was immer Sie dabei auch entdecken werden: Seien Sie freundlich und milde mit sich selbst. Betrachten Sie Ihre Schwächen aus einer Art »Respektabstand« heraus, neugierig wie von der Position eines interessierten Beobachters.

Fertigen Sie eine Liste mit Ihren Schwächen an! Überlegen Sie: Was macht Ihnen immer wieder zu schaffen? Haben Sie Züge, die Sie an sich selbst nicht mögen? Womit erregen Sie immer wieder Anstoß, erwecken Sie Widerstand? Welche Schwächen werden Ihnen von anderen zugeschrieben? Gibt es etwas, wogegen Sie seit langer Zeit vergebens ankämpfen? Gibt es etwas, worauf Sie ganz bestimmt *nicht* stolz sind?

🖉 MEINE SCHWÄCHEN

Falls Sie nun nach Ihrer gründlichen Selbstanalyse die Zerknirschung packt, bedenken Sie: Schwächen gehören zu unserem Menschsein dazu. *Jeder* Mensch hat Stärken *und* Schwächen; sich vornehmen zu wollen: »Irgendwann möchte ich dahin kommen sagen zu können: ›Jetzt habe ich nur noch Stärken und eigentlich gar keine Schwächen mehr‹« – das gibt es nicht. Das wäre ein idealistisches, aber weltfremdes Projekt. Es wäre eine Illusion.

Respektieren Ihre Schwächen, Sie gehören zu Ihnen. Ohne diese Schwächen wäre Ihr Selbstbild unvollständig.

2. Schritt: Der Nutzen Ihrer Schwächen
Wenn ich im Seminar die Teilnehmer manchmal bitte, ihre Schwächen zu notieren, dann wage ich zuweilen eine Prophezeiung, noch bevor die Menschen überhaupt begonnen haben zu schreiben: »Wollen wir wetten«, sage ich, »dass Sie von jeder Schwäche, von jedem unangenehmen Verhalten auch einen Nutzen haben?«

Ja, es ist tatsächlich so! Nehmen wir beispielsweise einen Mitarbeiter, dem es immer wieder schwerfällt, »nein« zu sagen. Was hat er davon? Welchen Nutzen zieht er möglicherweise aus dieser Schwäche?

Ganz klar: Er kann sich z. B. vor Vorwürfen aller Art schützen, er kann Sympathiepunkte sammeln und vielleicht muss er sich nicht positionieren!

Wie ist es mit dem Lampenfieber, das Sie vor einer wichtigen Präsentation heimsucht? Welchen *Nutzen* hat Lampenfieber? Nun, zunächst sorgt es dafür, dass Sie sich gründlich vorbereiten. Außerdem macht es Sie hellwach und hält während der Präsentation eine entsprechende Spannung in Ihnen aufrecht.

Nun kommen wir zu *Ihren* Schwächen: Welchen Nutzen ziehen Sie aus den Schwächen, die Sie in der vorhergehenden Übung aufgeschrieben haben?

✏ WELCHEN NUTZEN HABEN IHRE SCHWÄCHEN?

Welche Vorteile ziehen Sie aus Ihren Schwächen? Finden Sie zu jeder einzelnen Ihrer Schwächen aus Ihrer Liste jeweils drei Möglichkeiten, wozu genau diese Schwäche gut sein könnte! Auf diese Weise können Sie erfahren, worum es Ihnen bei Ihren jeweiligen Schwächen *wirklich* geht.

Schwäche	Nutzen
	1. 2. 3.
	1. 2. 3.
	1. 2. 3.

---

3. Schritt: Innerer Dialog

> *»Jeder erfährt Respekt, wenn er aus seiner Situation etwas macht.«*
> Silvano Beltrametti

Nun beginnt die eigentliche Arbeit: In einem dritten Schritt überlegen Sie, wie Sie den Nutzen, den Ihre Schwächen für Sie bereithalten, auf andere Weise sicherstellen können.

Hilfreich ist hierbei ein »innerer Dialog«, das bedeutet: Sie kommunizieren mit Ihren Schwächen wie mit einem Partner. Da sich dieser Wortwechsel nicht äußerlich – zwischen zwei Menschen –, sondern im eigenen Inneren abspielt, handelt es sich um einen inneren Dialog.

Halten Sie inne, wenn Ihre Schwäche wieder bei Ihnen anklopft, und lauschen Sie in sich hinein: Was fühlen Sie gerade? Welche innere Stimme meldet sich bei Ihnen?

Nehmen Sie den Dialog auf. Versuchen Sie, die positive Absicht zu finden, die diese innere Stimme für Sie bereithält. Verhandeln Sie, bleiben Sie in Fühlung mit sich selbst und achten Sie darauf, dass Sie auch in Phasen der Hektik nicht in alte Denk- und Verhaltensweisen zurückfallen.

Vielleicht fällt es Ihnen schwer, Ihre Schwächen zu akzeptieren? Dann fragen Sie sich doch einmal, wie Ihr Leben ohne sie aussehen würde … Womöglich hätten Sie noch weniger Pausen als ohnedies – vielleicht wären Sie ständig blass und überarbeitet ohne diesen kleinen Hang zur Trägheit, den Sie sich so lange schon vorwerfen? Vielleicht würden Sie Gefahr laufen, in den Ruf eines trockenen Aktenfressers zu geraten ohne Ihre Neigung, nicht immer alles so genau zu nehmen? Wenn Sie Ihre Schwächen unter diesem Aspekt betrachten, erkennen Sie schnell, was für einen Nutzen sie für Sie bereithalten. Üben Sie eine Haltung ein, die es Ihnen möglich macht, Ihre Schwächen zu respektieren.

Alle Schwächen und alle Stärken haben *mindestens zwei Seiten*. Manchmal zeigt sich das sogar in ein und derselben Person.

Der Mensch in seinem Widerspruch …

Einmal hat mir ein Mann – er war Controller von Beruf – beim Coaching ganz begeistert davon erzählt, wie gut er strukturiert sei. Er hat mir die Ordnung auf seinem Schreibtisch beschrieben und gesagt: »Jede einzelne Kleinigkeit hat dort ihren Platz und ist griffbereit, sowie ich sie brauche. Alle Aufgaben werden zuverlässig und fristgerecht erledigt. Das macht mich stolz!« Daraufhin habe ich ihn gefragt: »Herr Maier, ist das bei Ihnen privat denn genauso?« Mein Gesprächspartner schaute mich an, begann plötzlich zu lachen und gab zur Antwort: »Ob Sie's glauben oder nicht, Frau Lienhart: Privat ist das bei mir genau umgekehrt! In meiner Wohnung liegen die Dinge eher kreuz und quer herum … Bevor ich Gäste empfangen kann, muss ich immer erst aufräumen. Und wenn ich Ihnen jetzt verrate, wie lang ich schon meine Einkommenssteuererklärung vor mir herschiebe – das glauben Sie mir gar nicht!« Dieses Eingeständnis hat auf mich sehr sympathisch gewirkt.

Akzeptieren Sie sich also, wie Sie sind! Sie können schließlich niemand anders sein. Stehen Sie zu Ihren Schwächen. Geben Sie sich selbst und anderen zu verstehen: »Ja, das ist ein Schwachpunkt von mir.« Oder sagen Sie: »So bin ich. Ich habe Stärken. Und, was meine Schwächen betrifft: Das bin ich *auch*!«

Die Schwierigkeiten, die Ihnen in Ihrem Leben begegnen, ob im Job oder privat, lassen sich allesamt nutzen, um persönliches Wachstum zu trainieren. Schwächen halten verborgene Schätze und Geschenke für Sie bereit. Nutzen Sie diese für Ihre persönliche Weiterentwicklung und um sich selbst auf die Spur zu kommen. Seien Sie neugierig und gespannt darauf, was Sie bei sich entdecken können!

1.5   Das große »JA« zu sich selbst

Kennen Sie das? Manchmal sind wir rundum mit uns zufrieden. Nach einem geschäftlichen oder sportlichen Triumph beispielsweise. Oder wenn wir im Freundeskreis die Stimmung schönen Einvernehmens spüren, in der jeder jeden gelten lässt.

Es gibt ein großes und ein kleines »Ja« zu sich selbst: Sich bestätigt zu fühlen, wenn wir den Geschmack des Erfolges auf der Zunge spüren, ist keine Kunst. Wenn wir das Spiegelbild unserer Stärken vor uns sehen, rufen wir nur gar zu gern: »Ja, das bin ich!«

Und wenn der Spiegel uns unsere Schwächen zeigt?

Nur wer seine Stärken und gleichzeitig seine Schwächen respektiert, sagt *wirklich* »Ja« zu sich. Nur ein »Ja«, das auch die eigenen Schwächen bejaht, ist ein wahrhaftiges, ein großes JA. Wer »ja« zu sich sagt, respektiert sich selber.

a) Der Leidenschaft folgen
Wie froh sind wir immer, wenn wir jemanden treffen, der das, was er tut, *gerne* tut. Wir spüren sofort, ob ein Mensch seine Sache mit Leidenschaft verfolgt. Diesem Menschen bringen wir wie von selbst Respekt entgegen. Für solche Beobachtungen haben wir alle ein sehr gutes Gespür. Wenn wir in ein Geschäft kommen und mit der Verkäuferin sprechen, merken wir *sofort*, ob sie Lust an ihrer Arbeit hat oder nicht, ob sie ihren Job gern macht oder nicht.

Ob Sie bereits am richtigen Platz sind – an »Ihrem« Platz –, das können Sie einfach daran überprüfen, ob Sie sich wohlfühlen bei dem, was Sie tun. Ob Sie mit einer gewissen Leichtigkeit und Freude bei der Sache sind.

Wann haben Sie sich das letzte Mal gefragt, wie gerne Sie das, was Sie täglich tun, wirklich tun? Wie sinnvoll ist das, was Sie tun und wie gut passt das, was Sie Tag für Tag leisten, zu Ihnen selbst?

Manchmal braucht es Mut, der eigenen Bestimmung zu folgen. Sie müssen ja nicht kopfüber ins kalte Wasser springen – Sie können die Temperatur erst einmal mit dem Fuß prüfen. Oder sich das Wasser langsam über den Körper gießen. Irgendwann ist es dann gar nicht mehr so schwer, und Sie können sich sagen: »So! Jetzt springe ich hinein!«

b) Der eigenen Veränderungskraft vertrauen
Jede Veränderung beginnt bei einem Einzelnen und wirkt nach außen: auf die Arbeitskollegen zum Beispiel, auf die Kunden oder auf die Führungskraft ... Haben Sie nicht schon oft erlebt, wie eine einzige fröhliche Person die Atmosphäre eines ganzen Raumes aufhellen konnte? Fröhlichkeit teilt sich anderen Menschen mit wie ein kleiner Stromstoß und stimmt sie ebenfalls freundlich und lebensfroh. Es ist wie bei einem Mobile: Egal, wo Sie es anstoßen – stets gerät es als Ganzes in Bewegung.

Deshalb werden, wenn Sie beginnen, sich selbst zu respektieren, Ihnen auch die anderen Menschen Respekt entgegenbringen. An den Tagen, an denen der Respekt sich selbst gegenüber schwerfällt, kann dies besonders hilfreich sein.

c) Sich unterstützen lassen
Sprechen Sie mit jemandem, der Sie respektiert. Sich mit jemandem zu unterhalten, vom dem Sie sicher wissen, dass er Ihnen Respekt entgegenbringt, hilft Ihnen, den Respekt vor sich selbst wieder aufzufrischen. In Phasen, in denen es Ihnen schwer-fällt, sich selbst zu respektieren, kann das wie Balsam für die Seele sein. Manchmal sind wir so schwach, dass wir uns verloren gehen – wir alle! Und dann brauchen wir einen Menschen, der uns mehr respektiert und mehr Zutrauen zu uns hat, als uns selbst das im Augenblick möglich ist.

d) Sich selber verzeihen
Haben Sie Ihr Ziel verfehlt? Den gleichen Fehler wiederholt? Ihre Vorsätze nicht umgesetzt trotz besseren Wissens?

Geben Sie nicht auf. Auch hier gibt es etwas zu lernen für Sie: Nämlich Mitgefühl für sich selbst. Lernen Sie, sich selbst zu verzeihen! Blicken Sie direkt aus Ihrem Herzen auf sich selbst, wenden Sie sich selbst so freundlich zu, wie Sie es mit Ihrem besten Freund tun würden. Gelegentlich an sich selbst zu zweifeln, gehört zum Leben dazu.

1.6 Ihr persönlicher Entwicklungsplan

Respekt fordert von uns eine immer wiederkehrende Auseinandersetzung mit uns selbst, mit unseren Schwächen und mit unseren Stärken. Und es geht immer wieder darum, sich den Respekt neu zu erringen, ein Leben lang.

Wer sich selbst respektieren kann, wird es leichter haben, von anderen Respekt zu bekommen und andere Menschen zu respektieren. Wie oft haben wir die Möglichkeit, das im Alltag zu üben! Hier bietet ein weites Feld von Situationen, die uns dazu auffordern, uns was »Respekt« betrifft weiterzuentwickeln. Nicht nur im Kontakt mit Menschen, sondern auch, beispielsweise, im Umgang mit Lebensmitteln, auf die Sie gerade keinen Appetit haben. Werfen Sie diese weg? Oder wenn eine Ameise über Ihr Buch krabbelt, das Sie gerade lesen: Drücken Sie sie schnell tot oder setzen Sie das Tier hinaus in den Garten? Prüfen Sie sich auf diese Weise immer wieder, ob Sie auch scheinbar kleinen Dingen sowie der Umwelt gegenüber Respekt zeigen.

Bemühen Sie sich deshalb, Respekt auch im Alltag zu leben:

Was kann/muss/will ich tun?	Was muss ich unterlassen?
Wer kann mich wie unterstützen?	Mein erster Schritt:

Eine achtsame und respektvolle Haltung stärkt also nicht nur Ihre Stellung im Job und dient Ihrem beruflichen Fortkommen. In letzter Konsequenz führt sie Sie zum fürsorglicheren Umgang mit allem, was uns Menschen umgibt.

TEIL II: Respekt anderen gegenüber

»Was wäre denn aus mir geworden, wenn ich nicht immer genötigt gewesen wäre,
Respekt vor anderen zu haben?«
Johann Wolfgang von Goethe

Ist es nicht merkwürdig? Wir alle wünschen uns, mit Respekt behandelt zu werden, und wir alle erleben respektloses Verhalten im Beruf und im Alltag. Hören Sie sich nur einmal um bei Ihren Freunden … Fragen Sie: »Könnt ihr mir von Situationen erzählen, in denen ihr schon einmal Respektlosigkeit erfahren habt?« Ich versichere Ihnen: Jede/r wird Ihnen eine Geschichte erzählen können.

Ich erinnere mich an ein Seminar zum Thema »Projektmanagement«, das ich geleitet habe. Darin saßen zwei Teilnehmer, beide Anfang 20, sie galten als »Potenzialträger« ihres Unternehmens.

Bereits während der Vorstellungsrunde unterhielten sich die beiden lautstark miteinander, manchmal verdrehten sie die Augen, während die anderen Kollegen, die zum Teil zwanzig, dreißig Jahre älter waren als sie selbst, von ihren Berufserfahrungen sprachen. Irgendwann unterbrach einer der beiden die Einstiegsrunde, sprang auf und rief: »Wozu brauchen wir denn diesen ganzen Vorstellungs-Schnickschnack?! Das geht nur von unserer Zeit ab.« Der andere ergänzte: »Stimmt genau! Lassen Sie uns endlich zur Sache kommen! Ich will nicht die Namen der Anwesenden hören, die vergesse ich doch gleich wieder. Ich will wissen, wie ich nächste Woche meinen Deckungsbeitrag um 1,5 Prozent erhöhen kann!«

Ich empfand dieses Verhalten als äußerst respektlos, insbesondere den älteren Teilnehmern gegenüber. Für das Gelingen eines Projektes gibt es neben Methoden und Techniken einen ganz entscheidenden Faktor: die Mitarbeiter – den Faktor »Mensch«. Dem hatten die beiden offensichtlich noch keine Bedeutung beigemessen.

Die Erfahrung respektlosen Verhaltens brennt sich stark in die Erinnerung ein, denn es ruft intensive Abwehrgefühle hervor. Das gilt aber auch genauso für Erlebnisse, in denen uns in besonderem Maße Respekt entgegengebracht wird.

In einem Hotel, in dem ich öfters Seminare halte, wurde ich neulich folgendermaßen begrüßt: »Frau Lienhart, im Seminarraum steht Ihr Wasser schon für Sie bereit. So wie Sie's immer gern trinken – nicht zu kalt und ohne Kohlensäure in einem großen Glas.« *Das hat mich sehr gefreut. (Ich versuche nämlich immer, zwei Liter Wasser am Tag zu trinken; und wenn das Glas zu klein ist, wenn Kohlensäure darin ist oder wenn das Wasser zu kalt ist, schaffe ich das nicht.) Darin lag eine besondere Achtsamkeit gegenüber meiner Person und gegenüber meinen Wünschen in diesem Hotel.*

Wie angenehm, wenn ich mich nicht erklären oder rechtfertigen muss. Wenn es überhaupt keine Rolle spielt, ob der andere das versteht oder nicht!

Im Grunde wissen wir genau und spüren es deutlich: Andere wollen denselben Respekt erfahren wie ich auch. Jeder Mensch hat ein tiefes Bedürfnis danach.

Im ersten Teil dieses Buches haben wir uns intensiv damit befasst, was es heißt, *sich selbst* zu respektieren. Jetzt soll es um den Respekt *im Umgang mit anderen* gehen: um den Respekt, den wir anderen entgegenbringen, und um den Respekt, den wir durch andere erhalten.

Dazu möchte ich Sie eingangs zunächst wieder zu einer kleinen Selbstbefragung einladen:

✏ RESPEKT IN IHREM BERUFLICHEN ALLTAG

- Wo erleben Sie in Ihrem beruflichen Alltag Respekt? Welche Erfahrung machen Sie dabei ganz konkret?
- Was können Sie in Ihrem beruflichen Alltag nur schwer bzw. gar nicht respektieren?
- Wie leicht fällt es Ihnen, andere zu respektieren?
- Sind Sie bereit, sich in einen anderen Menschen hineinzuversetzen? In Ihre Kollegen, in Ihre Mitarbeiter und Mitarbeiterinnen, in Ihre Chefin oder Ihren Chef? In Ältere oder in Jüngere etc.?

Wahrscheinlich ist Ihnen bei dieser Selbstbefragung wieder einmal deutlich geworden, was für eine Bedeutung das Thema »Respekt« in Ihrem Leben besitzt. In dieser Hinsicht dürfen Sie ohne Weiteres von sich auf andere schließen: Auch andere Menschen schätzen es, wenn man achtsam und respektvoll mit ihnen umgeht.

Zugegeben: Manche Zeitgenossen machen es uns furchtbar schwer, sie zu respektieren!

Wenn Sie gerade heftig genickt haben, dann wissen Sie, was ich damit meine. Wohl jeder von uns hat bereits einschlägige Erfahrungen gemacht. Da ist dieser unduldsame Chef – dieser unfreundliche Kollege – die unangenehme Kundin … In einem anderen Buch habe ich die Geschichte meiner Kollegin Beate Schneider erzählt und von den Schwierigkeiten, die sie mit ihrem unleidlichen Hausmeister hatte.[7] Den anderen gelten zu lassen, so wie er ist – oder wie sie – ist: Das ist die größte Herausforderung!

Und doch dürfen wir uns an dieser Stelle daran erinnern, was das Wort »Respekt« eigentlich besagt. In erster Linie bedeutet es: *Andersartigkeit* zu respektieren. *Natürlich* sind andere Menschen anders als ich! Wenn ich sie ohne Wenn und Aber annehme, so wie sie eben sind, dann brauche ich meine eigene Sichtweise keinesfalls aufgeben. Ich muss mich deswegen nicht kleiner machen, als ich bin (aber auch nicht größer), ich muss meine eigenen Werte und Vorstellungen nicht über Bord werfen, mich nicht selber herabsetzen. Vielmehr kommt es darauf an, dem anderen gegenüber eine grundsätzliche Achtung an den Tag zu legen, *ohne* zugleich die eigene Selbstachtung zu gefährden oder hintanzustellen.

---

7   Andreas Lienhart: Ein Fall von Selbstcoaching; in: Sabine Asgodom (Hrsg.): Die Frau, die ihr Gehalt mal eben verdoppelt hat S. 138–148.

2 Gelassenheit und Akzeptanz im Umgang mit anderen: Grundvoraussetzungen

Realistisch sein

Respektieren Sie, dass selbst im besten Team ab und zu atmosphärische Störungen vorkommen, dass ab und an die Temperamente aufeinanderprallen und dass Worte nicht immer abgewogen und wohlformuliert sind. Selbst wenn wir wachsam bleiben und achtsam sind: Kleinere und größere Verletzungen sind unvermeidlich. Es gibt keine Beziehung zwischen Menschen und kein Team ohne Konflikte. Im Gegenteil! Konflikte gehören dazu. Wenn ich als Coach höre, es gäbe *nie* Schwierigkeiten in einer Arbeitsgruppe und alle würden sich untereinander *immer* gut verstehen, dann frage ich mich, ob das Team seine Spannungen möglicherweise durch solche Äußerungen eher vermeiden oder zudecken möchte. Kein Team wird über längere Zeit bestehen, ohne dass es nicht einmal zu Auseinandersetzungen oder Verletzungen kommt. Konflikte sind ganz normal – sie gehören dazu – sie haben häufig einen Nutzen und können mitunter sehr heilsam sein (siehe auch weiter unten unter »Nicht alle Konflikte lassen sich lösen«).

Wir alle machen Fehler ...

... ja, auch Sie! Und auch Ihre Arbeitskollegen, Ihre Kunden, Ihre Führungskraft – jeder Mensch macht Fehler. Rechnen Sie also in Ihrem Berufsalltag von vornherein mit Fehlern. Rechnen Sie auch mit Kritik. Wenn Sie sich darauf einstellen, dass *überall* Fehler passieren – bei Ihnen und bei anderen –, dann werden Sie nicht aus allen Wolken fallen, wenn genau das passiert.

Natürlich gibt es Situationen, da wären Unzulänglichkeiten fatal: Wenn ich beispielsweise im Flugzeug sitze, möchte ich, dass ein Pilot alle Geräte zu hundert Prozent überprüft hat, bevor er startet. Wenn ich operiert werde, wünsche ich mir einen Chirurgen, der zu hundert Prozent bei der Sache ist und nicht nur zu achtzig Prozent. Aber der Anspruch, allen Herausforderungen des Lebens immer und überall mit hundert Prozent begegnen zu wollen und niemals Fehler zu machen, wäre unrealistisch. Außerdem braucht es gar nicht stets hundert Prozent – oft sind achtzig Prozent vollkommen ausreichend.

»Allen Menschen recht getan …

… ist eine Kunst, die niemand kann«, sagt das Sprichwort. Es *allen zugleich* recht zu machen – das geht nicht! Die Erwartungen und Interessen der Menschen sind verschieden, weil die Menschen selbst verschieden sind. (Und wer das versteht, kann im Team diese Unterschiedlichkeiten gut nutzen.) Das heißt: Ab und zu werde ich in eine Situation kommen, in der ich die an mich gerichteten Erwartungen nicht erfüllen kann. Das sollte ich auch meinen Mitmenschen zugestehen – gelegentlich wenigstens … Denn auch die anderen Menschen sind keineswegs dazu da, um meine eigenen Hoffnungen zu erfüllen und meine Wünsche voll und ganz zu befriedigen. Wenn ich von solchen unrealistischen Erwartungen Abschied nehme, dann wird mein Leben leichter sein …

Gefühle sind immer wahr

»Gefühle sind immer wahr, man kann sich nicht ›ver-fühlen‹«, formuliert der Psychologe Hartwig Hansen[8]. Nehmen Sie die anderen »wahr« und bemühen Sie sich, zu verstehen, was Ihre Kollegin oder Ihren Kollegen bewegt. Zeigen Sie Respekt vor dem Erleben anderer, seien Sie einfühlsam und hören Sie Ihrem Gegenüber aufmerksam zu!

Jeder Mensch bringt seine persönlichen Erfahrungen und Erlebnisse aus der Vergangenheit mit und auch seine Talente und Möglichkeiten. Wenn Ihnen andere von ihren Empfindungen berichten und sich Ihnen gegenüber ein wenig öffnen, dann können Sie das als Kompliment betrachten. Hören Sie Ihrem Kollegen oder Ihrer Kollegin genau zu, seien Sie einfühlsam, fragen Sie nach: Damit bekunden Sie vor dem Erleben des anderen Respekt.

Nicht alle Konflikte lassen sich lösen

Schon der griechische Philosoph Epiktet unterschied prinzipiell zwischen »Dingen, die man ändern kann, und Dingen, die man nicht ändern kann«.

Ähnlich verhält es sich mit Konflikten: Es gibt Konflikte, die sich *klären*, aber nicht *lösen* lassen. Im Arbeitsalltag ist es im Allgemeinen überhaupt nicht nötig, all den kleinen und großen Differenzen zwischen den Kolleginnen und Kollegen immer bis auf den letzten Grund nachzugehen. Es reicht, sie soweit in den Griff zu bekommen,

---

8   Vgl. Hartwig Hansen: Respekt. Der Schlüssel zur Partnerschaft. Klett-Cotta, Stuttgart 2009.

dass die Arbeitsfähigkeit und der gegenseitige Respekt wiederhergestellt sind. In entsprechenden Seminaren spielen wir manchmal verschiedene Konfliktszenarien durch; dann fragen mich die Teilnehmer: »Und wenn wir nun alles abgeklärt haben, und jeder auf seinem eigenen Standpunkt beharrt – was dann?« Ja, richtig: Manchmal bleiben Konfliktreste zurück, und es entsteht am Ende eine Situation, die sich nicht mehr verändern lässt. Dann ist es hilfreich, eine Formel anzuwenden, die auf Englisch in prägnanter Kürze lautet: *Love it, change it or leave it!* Auf Deutsch bedeutet das: »Finde dich ab mit deiner Lage, verändere sie oder zieh dich aus ihr zurück!«

Überprüfen Sie diese drei Möglichkeiten und wählen Sie dann den Weg, der für Sie richtig ist.

Alles hat (s)einen Sinn
Schwierigkeiten bringen es leider mit sich, dass unser Vertrauen erschüttert wird. Sie wecken unser Misstrauen, fordern gebieterisch unsere Aufmerksamkeit, drängen sich in unser Wohlgefühl und scheinen ständig »Alarm!« zu rufen. Dann fällt es schwer, das Vertrauen aufzubringen, dass alles seinen Sinn hat, vor allem wenn ich diesen (noch) nicht sehen kann.

Überlegen Sie: Hat es nicht auch in Ihrem Leben schon die Erfahrungen gegeben, dass Sie den Sinn mancher schweren Ereignisse erst im Nachhinein erkannt haben, wenn Sie darauf zurückgeblickt haben? Haben Sie nicht erst im Rückblick – vielleicht im Abstand einiger Wochen oder Monate oder gar Jahre – überhaupt erfassen können, *wozu* das bedrängende Erlebnis gut war?

In diesem Sinn können Sie sich selbst sagen: »Ich verstehe zwar nicht, wozu diese schwierige Situation nun gut sein soll, die mich momentan umstellt. Aber ich will mich darum bemühen, diese zu respektieren, und auf den tieferen Sinn zu vertrauen.« Wenn Sie diese Erfahrung bereits gemacht haben (und das haben Sie bestimmt!), dann könnten Sie bereits mitten in der schwierigen Situation darauf vertrauen, dass alles seinen Sinn hat, auch wenn Sie es momentan noch nicht verstehen.

Wenn Sie glauben, dass eine höhere Macht die Welt leitet, dann wenden Sie sich an diese Macht. Viele von uns sind gläubig, ohne sich in den Bahnen einer herkömmlichen Religion zu bewegen. Sehr viele glauben an ein universelles Prinzip, das sie aus bestimmten Überzeugungen heraus Gott nennen mögen oder auch nicht. Es spricht nichts dagegen, an dieses Prinzip zu denken und sich dabei zu beruhigen, wenn Sie mit Ihren eigenen Kräften am Ende sind. Dann öffnen Sie sich automatisch für neue Einfälle, überraschende Begegnungen, fröhliche Gedanken und plötzliche gute Wendungen in Ihrem Leben.

Veränderungsbereitschaft als Grundvoraussetzung

Um einen Konflikt oder eine schwierige Situation zu lösen, braucht es die Veränderungsbereitschaft aller Beteiligten. Ohne diese Bereitschaft sind alle Ansätze – und übrigens auch alle Coaching-Maßnahmen – nutzlos. Prüfen Sie deshalb genau, ob Sie wirklich bereit für eine Veränderung sind. Manchmal bedeutet das, sich von etwas zu verabschieden, und das fällt nicht immer leicht. Prüfen Sie deshalb immer, inwieweit Sie *wirklich* bereit zur Veränderung sind.

> ÜBUNG: EINANDER AUF DIE SPUR KOMMEN
>
> Diese Übung nutze ich gern für Teams. Jeder Teilnehmer und jede Teilnehmerin bekommt die nachstehenden Fragen und beantwortet sie zunächst für sich selbst. Danach werden die Antworten reihum vorgetragen. Auf diese Weise erfährt man eine ganze Menge voneinander.
>
> **Wie denke ich? Wie denkst du?**
> - Ich freue mich, wenn …
> - Es macht mich wahnsinnig, wenn …
> - Ich bin stolz auf …
> - Mir ist wichtig, dass …
> - Veränderung bedeutet für mich …
> - Sicher fühle ich mich, wenn …
> - Es fällt mir schwer, wenn …
> - Verzeihen kann ich …
> - Nicht akzeptieren kann ich …
> - Unter Fairness verstehe ich …
> - Loyalität heißt für mich …
> - Respekt habe ich für …
> - Von meinen Kollegen erwarte ich …

Nicht bewerten!

Respekt beweisen Sie auch, indem Sie die Unterschiede zwischen den Menschen in aller Gelassenheit wahrnehmen, ohne sie sogleich – laut oder leise – zu bewerten. Zugegeben, dass es manchmal nicht leicht nachvollziehbar ist, was andere Menschen bewegt und antreibt. Sie brauchen auch nicht alles widerspruchslos hinzu-nehmen. Aber die Frage »Wer hat recht?« oder »Wer ist schuld?« stellt sich nicht in jedem Fall. Viel wichtiger ist es, dass Sie bewusst unterscheiden zwischen dem, was Sie wissen, was Sie beobachten und was Sie vermuten.

Versuchen Sie es einmal: Stellen Sie sich die Frage: »Was *weiß* ich von einem Kollegen ganz konkret, was *beobachte* ich an ihm, was *vermute ich* über ihn?«

Zum Beispiel: Der Kollege ist der Abteilungsleiter, er heißt Herr Müller, er ist seit neun Jahren im Unternehmen, er arbeitet gerade an Projekt X oder Y und so weiter ⇨ All das *weiß* ich.

Der Kollege spielt mit seinem Bleistift, er kommt immer um 8.30 Uhr in die Firma, er trinkt um 10 Uhr seinen Kaffee, er wippt häufig mit seinem Fuß ... ⇨ All das *beob-achte* ich.

Der Kollege ist nervös, er hat Stress zu Hause, er ist besonders tüchtig, er ist heute müde, er ist belastbar, er ist selbstbewusst ... ⇨ All das *vermute* ich.

Achtung: »Der Kollege plaudert gern mit der Grafikerin.« Ist das eine Beobachtung oder eine Vermutung?!

Oder: »Der Schreibtisch meines Kollegen ist immer unordentlich.« Beobachtung oder Vermutung?

Manchmal ist es gar nicht einfach, Bewertungen und Beobachtungen voneinander zu unterscheiden!

3 Aus der Praxis: Sechs Schritte zum gegenseitigen Respekt

3.1 Auf der Suche nach dem verloren gegangenen Respekt

»Wir sollten uns mit den großen Problemen beschäftigen,
solang sie noch klein sind.«
Jadwiga Rutkowska, polnische Schriftstellerin

Es ist aufschlussreich: In den vielen Jahren der Begleitung von Menschen im Einzel- und Teamcoaching habe ich immer wieder die Erfahrung gemacht, dass der Begriff »Respekt« früher oder später auftaucht. Dabei kommen die Menschen nur selten mit der Frage zu mir: »Wie kann ich mehr Respekt im Job gewinnen?« Meistens schildern sie mir erst einmal eine Situation, die ihnen Schwierigkeiten bereitet. Aber auf das Thema »Respekt« laufen viele der nachfolgenden Gespräche unweigerlich hinaus.

Schade, dass die Menschen oft erst zu mir kommen, wenn die Situation kritisch ist. Denn je früher sie Unterstützung suchen, umso größer ist die Aussicht auf Erfolg.

Wenn Sie also den Verdacht haben, das Thema »Respekt« könnte bei aktuellen Problemen in Ihrem Berufsalltag eine Rolle spielen, dann schauen Sie genau hin: Was ist im Team eigentlich genau los? Was läuft da zwischen den Kollegen ab? Gibt es eine Situation, die immer wieder auftaucht und Ihnen das Gefühl vermittelt, dass irgendetwas nicht stimmt? Die aufmerksame Beobachtung einer Situation, des eigenen inneren Erlebens und die genaue Prüfung eigener Reaktionen ist der erste Schritt hin zu einer Veränderung.

Überprüfen Sie mit folgendem Test, inwieweit das Thema »Respekt« – beziehungsweise der Mangel an Respekt – an Ihrem Arbeitsplatz eine Rolle spielt.

RESPEKT IN MEINEM TEAM

	☺	😐	☹
Stimmung			
Ich komme gerne zur Arbeit und fühle mich an meinem Arbeitsplatz wohl.			
Ressourcen			
Unterschiedlichkeiten werden von meiner Führungskraft gesehen und bewertet.			
Die Stärken und Talente des Einzelnen werden bewusst genutzt.			
Arbeitsmoral und Zielvorgaben			
Die Arbeitsmoral ist gut.			
Wir arbeiten effizient.			
Zielvorgaben werden in der Regel erreicht.			
Es herrscht Nachsichtigkeit gegenüber Fehlern.			
Beziehung untereinander			
Ich komme mit meinen Kolleginnen und Kollegen; mit meiner Führungskraft gut zurecht.			
Bei uns gibt es auch Lob/Danke/und kleine Überraschungen/Geschenke.			
Wir sprechen auch über persönliche Dinge miteinander.			
Kommunikation			
Konflikte werden bei uns angesprochen.			
Wir haben klare Spielregeln für den Umgang miteinander.			
Wir führen selten langwierige Diskussionen.			

Dieser Test dient dazu, sich ein Bild vom Status quo zu verschaffen: Inwieweit gehen wir im Team respektvoll miteinander um? Können Sie sich vorstellen, diesen Test gemeinsam mit Ihrem Team durchzuführen? Vielleicht entdecken Sie dann Themen, die gesehen und bearbeitet werden wollen?

Die Intuition

Verlassen Sie sich bei Ihren Beobachtungen nicht ausschließlich auf Ihre *Ratio* – also auf Ihr Denken und Ihren Verstand. Lassen Sie ruhig auch Ihre *Intuition* einfließen und vertrauen Sie Ihrem Gefühl. Wenn Sie einem anderen Menschen Respekt erweisen, dann können Sie nie bis ins Letzte durchrechnen, ob diese Haltung wirklich gerechtfertigt ist; Sie vertrauen dabei immer auch ein Stück weit Ihrer Intuition.

»Das Bauchgefühl ist keine komische Einbildung, sondern lässt sich sogar körperlich orten«, schreiben Markus Hänsel und Andreas Zeuch, die beide über das Thema »Intuition« geforscht und darüber promoviert haben. »Den Verdauungstrakt umhüllen 100 Millionen Nervenzellen – das sind mehr als das Rückenmark aufweist. Dieses ›Bauchhirn‹, das so genannte enterische Nervensystem, sendet viel mehr Signale zum Kopfhirn, als es von dort empfängt. Es kann die Daten seiner Sensoren selbst generieren und verarbeiten und es kontrolliert Reaktionen.«

Vielleicht ist es etwas ungewöhnlich, sich im Arbeitsalltag auf seine »innere Stimme« zu berufen – jedenfalls hierzulande. In den USA bekennen sich Führungskräfte weitaus freimütiger dazu, wie eine Untersuchung des Verwaltungswissenschaftlers Weston Agor von der Universität El Paso in Texas unter 3.200 Managern großer Unternehmen ergeben hat. Intuition darf nicht als »letzte Wahrheit« betrachtet werden, wohl aber als bedeutende zusätzliche Mitteilung oder als neue Perspektive. Erst das Zusammenspiel zwischen Kopf und Bauch macht uns umfassend urteils- und schließlich auch entscheidungsfähig.

> **ÜBUNG: WAS IST JETZT, GERADE IN DIESEM AUGENBLICK?**
>
> Nehmen Sie sich jeden Tag eine Viertelstunde und lauschen Sie in sich hinein! Überprüfen Sie Ihr inneres Erleben. Lassen Sie die Bilder des Tages an sich vorüberziehen wie auf einer Art innerer Kinoleinwand in einem Kino mit sicheren und bequemen Sesseln, in dem der beste Platz immer für Sie reserviert ist. Von dort aus können sich in aller Ruhe Ihren Film anschauen, der vielleicht von Ihren Wünschen und Überzeugungen handelt oder von Menschen, mit denen Sie es im Job zu tun haben. Beachten Sie dabei Ihre Körpersignale: Haben Sie bei bestimmten Gedanken/Bildern/Filmen das Gefühl von Wärme? Spüren Sie vielleicht ein Drücken im Magen, ein Ziehen

im Nacken, starkes Herzklopfen, ein Kribbeln am Kopf, einen Kloß im Hals, ein flaues Gefühl im Bauch, ein Zittern in den Knien?

Achten Sie auch auf die Bilder, die in Ihnen bei bestimmten Gedanken aufsteigen (zum Beispiel: *»Ich bin fest verwurzelt wie ein Baum/bei diesem Gedanken fühle ich mich frei wie ein Vogel.«*). Wiederholen Sie diese Übung jeden Tag oder jeden zweiten Tag und lernen Sie Ihr inneres Erleben auf diese Weise immer besser kennen!

Körperliche Reaktionen und innere Bilder entstehen nicht zufällig. Sie sind Wegweiser der Intuition. Indem Sie lernen, sich immer besser selbst zu beobachten, steigern Sie auch Ihr Gespür für subtile Informationen und nonverbale Signale, die Sie durch andere Menschen empfangen.

Wenn Sie in Ihrem beruflichen Alltag regelmäßig auf unangenehme Gefühle und Reaktionen stoßen – auf ein subtiles »Irgendetwas stimmt nicht« –, dann sollten Sie Ihrer Intuition vertrauen und genauer prüfen: In welcher Situation taucht es auf? Wie fühlt es sich konkret an? In welcher Weise äußert es sich? Welches Gefühl löst es bei Ihnen aus – was sagt es Ihnen? Versuchen Sie, die Botschaft dieses Gefühls in Worte zu kleiden!

Je mehr Informationen Sie auf diese Weise aufgreifen, desto leichter wird es Ihnen fallen, sich in andere Menschen hineinzuversetzen und verständnisvollen Respekt für die anderen zu entwickeln.

3.2   Mal eine andere Brille aufsetzen – die Kunst des Perspektivenwechsels

> *»Nicht die Dinge sind es, die uns unglücklich machen,*
> *es ist unsere Sicht der Dinge.«*
> Epiktet, griechischer Philosoph

Die Fähigkeit, die Perspektive zu wechseln und sich in eine andere Person hineinzuversetzen ist eine Grundkompetenz für ein gutes und respektvolles Miteinander im Job. Eine neue Brille aufzusetzen bedeutet, die eigenen Annahmen und Überzeugungen vorübergehend hintenanzustellen – sie gewissermaßen zu »suspendieren« und die Situation aus einer anderen Perspektive heraus zu betrachten.

Die Blinden und der Elefant

Kennen Sie die schöne Geschichte vom Elefanten und den fünf Blinden?[9]

Fünf Gelehrte reisen im Auftrag ihres Königs nach Indien, um herauszufinden, was ein Elefant ist. Den Elefantenbullen, den man in Indien vor sie führt, können sie freilich nur ertasten, nicht sehen; denn alle fünf sind blind.

Der erste Blinde legt seine Hand auf den Rüssel und sagt: »Dieses Tier gleicht einem Wasserrohr, denn es ist lang und schmal.« – »Oh nein!« ruft der zweite Blinde, der den Elefanten am Ohr angefasst hat, »eher ähnelt es einem glatten Fächer!« – »Ihr irrt euch«, sagt der dritte Gelehrte, während er über das Bein des Elefanten streicht, »das Tier hat die Gestalt einer festen Säule.« – »Unfug!« entgegnet der vierte Blinde. »Ein Elefant, das ist eher so eine kurze Strippe mit Haaren dran«, denn er hat den Schwanz des Elefanten ertastet mit seiner Hand. – »Ah nein«, sagt da der fünfte Blinde, den Helfer auf den Rücken des Elefanten gehoben haben, »ich spüre es doch genau: Das Tier ist sehr groß und gleicht einer hohen und flachen Liege.«

Wer hat nun recht? Was die Details betrifft: jeder. Was die Gesamterscheinung eines Elefanten angeht: keiner. So sind wir alle in gewissem Sinn Gefangene unserer eigenen Perspektive. Kein Blickwinkel ist der letztgültige. Jeder von uns erfasst nur Einzelheiten von der Welt – und erst in ihrer Gesamtheit ergänzen sich diese zu einem vollständige(re)n Bild.

Wenn wir uns über die Unzulänglichkeiten anderer ärgern, dann ärgern wir uns im Grunde über die *Verschiedenartigkeit* der Menschen. Weil sie eine andere Perspektive haben als wir. Vermutlich kommt ihnen selbst ihr Verhalten angemessen und ganz »natürlich« vor. Sie sind durch Erziehung, Erfahrung, ihre Gene, ihre Herkunft, ihre Kultur oder ihr Lebensalter anders geprägt als wir selbst und schauen die Welt mit anderen Augen an.

Es sind erst die Ungleichheiten zwischen den Menschen, die eine bunte Fülle von Sichtweisen hervorbringen. Es geht nicht darum, dass alle gleichbehandelt werden oder dass alle gleich sind. Nur darum, dass man jedem Menschen mit Respekt begegnen soll. Jeder ist es wert.

---

9   Sie geht auf den persischen Dichter und Mystiker Djalal od-Din Rumi zurück, der vor 800 Jahren gelebt hat.

Wenn Ihnen jemand das Leben schwer macht, haben Sie immer die Freiheit, gewisser-maßen die Brille zu wechseln und Ihr Gegenüber in einem anderen Licht zu sehen. Die-ser andere hat sicherlich – aus *seiner* Sicht, mit *seiner* Brille – einen guten Grund, sich so zu verhalten. Dann können Sie sich sagen:»Ich verstehe ihn zwar noch nicht, ich habe noch keine Ahnung. Aber ich betrachte das jetzt einmal als *Herausforderung* und bin einfach *neugierig* – vielleicht komme ich dann ja dahinter, warum er sich so verhält.«

»Wer klug ist, wird im Gespräch weniger an das denken, worüber er spricht, als vielmehr an den, mit dem er spricht«, sagte bereits Schopenhauer. Machen Sie es genauso. Verharren Sie nicht von vornherein auf Ihrem eigenen Standpunkt. Wenn Sie die Perspektive Ihres Gegenübers einnehmen, wenn Sie seine Motive erkennen und verstehen, was ihn antreibt, was er hofft und welches Ziel er hat, werden Sie es leichter haben, Andersartigkeit zu respektieren.

So gelingt der Perspektivenwechsel

»Jedes Problem hat drei Lösungen: meine Lösung, deine Lösung, die richtige Lösung«, lautet ein chinesisches Sprichwort. Um auf die richtige Lösung zu kommen, kann es hilfreich sein, die drei folgenden Perspektiven genauer unter die Lupe zu nehmen: die eigene, die des Gegenübers und die eines unbeteiligten Dritten.

Stellen Sie sich folgende Fragen:

DREI PERSPEKTIVEN

a) Die eigene Sichtweise:
- Was ist mein Anliegen? Mein Wunsch? Mein Ziel?
- Woran erinnert mich diese Situation?
- Worum geht es mir »wirklich«? »Eigentlich«?
- Was könnte die Situation zum Eskalieren bringen?
- Welche Risiken sind für mich in dieser Sache absehbar?

b) Die Sichtweise des Gegenübers:
- Wie ist die Sichtweise meines Gegenübers?
- Was hält sie/er für richtig oder falsch?
- Was genau will er/sie erreichen?
- Welche Gefühle beeinflussen ihn/sie vermutlich?
- Was befürchtet er/sie?
- Was braucht er/sie?

c) Die Sichtweise des unbeteiligten Dritten:
   – Was könnte eine dritte Person konkret beobachten?
   – Welche Fragen würde sie stellen?
   – Welche Tipps, welche Vorschläge würde eine neutrale Person vermutlich machen?

Sie können den »unbeteiligten Dritten« gedanklich auch mit einer Person Ihres Vertrauens besetzen und überlegen, welchen Ratschlag diese Ihnen wohl geben würde. Sie können sich beispielsweise fragen: »Mal angenommen, mein früherer Chef oder mein bester Freund (oder Ihre Oma, Ihre kleine Tochter etc.) wären jetzt da – was würden die mir raten?« Solche Vorstellungen verändern nicht nur die Perspektive, sie weiten auch den Blick und machen sogar Spaß!

Ja, ich kann mich sogar auf eine Fantasiereise begeben, vielleicht in einem Heißluftballon: Ich stelle mir vor, wie ich hoch und immer höher steige und dann vom Himmel herunterschaue auf das Problem, das mich gerade so plagt. Dann erkenne ich, wie klein und fern und unbedeutsam es geworden ist, und sehe einen weiten Horizont von Möglichkeiten um mich her und fühle mich wieder frei.

3.3   Chancen erkennen: Vom Denken in Möglichkeiten

Jahrzehntelang hatten die besten Läufer der Welt ein großes Ziel: Die Meile in unter vier Minuten zu laufen! Daran war selbst der legendäre Paavo Nurmi gescheitert. Ärzte und Sportexperten erklärten das Vorhaben schließlich für undurchführbar: Der menschliche Organismus sei dazu nicht fähig; ein Mensch, der die Meile tatsächlich in weniger als vier Minuten laufen würde, müsste auf der Stelle tot zusammenbrechen.

Der Medizinstudent Roger Bannister glaubte nicht daran. Er wusste, was er sich zutrauen konnte. Fast ein volles Jahr trainierte er wie ein Besessener. Und abends, kurz vor dem Einschlafen, stellte er sich in allen genauen Einzelheiten vor, wie er die Meile in unter vier Minuten laufen würde – vom Startschuss bis zum umjubelten Weltrekord am Ziel, Schritt für Schritt, Meter für Meter … Dann hatte er die innere Gewissheit, es schaffen zu können.

Tatsächlich: Am 6. Mai 1954, auf einem Sportfest seiner Universität, wurde Roger Bannister zur Legende – er legte die Meile in 3 Minuten und 59,4 Sekunden zurück … An diesem Tag durchbrach er eine Schallmauer, gegen die die besten Läufer seit einem halben Jahrhundert vergebens angerannt waren.

Jetzt raten Sie einmal, liebe Leser, wie lang es dauerte, bis einem zweiten Läufer dasselbe gelang! Wieder Jahre, Jahrzehnte gar? Ganz im Gegenteil: 46 Tage! Ja, noch im selben Jahr liefen über 30 Läufer die Meile in weniger als vier Minuten. Innerhalb von zwei Jahren waren es mehrere Hundert. Heutzutage gilt die Vier-Minuten-Meile als Qualifikationszeit für viele nationale Meisterschaften – als Leistungsminimum, um überhaupt an den Start gehen zu dürfen …

Der Fall beweist, dass Weltrekorde nicht zuletzt eine geistige Schranke darstellen. Was ich hier am Beispiel der Vier-Minuten-Meile ausgeführt habe, hätte ich auch mithilfe der 500-Pfund-Marke im Gewichtheben – und anhand vieler weiterer Beispiele außerhalb des Sports schildern können. Gewiss, es gibt natürliche Grenzen – niemand wird je über den Atlantik springen, selbst nicht mit noch so großem Anlauf … Aber die Barrieren unserer Leistungsfähigkeit dürften im Allgemeinen sehr viel weiter gesteckt sein, als wir es uns träumen lassen … Achten Sie auf das *Positive*, auf die *Chancen*, auf das *Potenzial*, wenn Sie über sich oder andere sprechen! *»Denke in Möglichkeiten, nicht in Schwierigkeiten«* – das ist seit vielen Jahren mein persönliches Credo.

MEIN PERSÖNLICHER LEITSATZ:

»Denke in Möglichkeiten, nicht in Schwierigkeiten.«

Ist es nicht seltsam, dass wir manchmal eher auf das Negative konzentrieren, wenn wir über unsere Mitmenschen nachdenken oder über sie sprechen: sei es der Vorgesetzte, die Kolleginnen und Kollegen – gar nicht selten sogar wir selbst? Natürlich geht es jetzt nicht darum, Schwächen generell zu ignorieren oder gar zu vertuschen. Doch es ist eine Frage des Respekts gegenüber uns selbst und gegenüber unseren Kollegen und Mitarbeitern, sich klar zu entscheiden: Will ich bei mir und den anderen lieber die *Schwächen* stärker machen – oder doch eher die *Stärken*?

Genau wie negative Verhaltensweisen sich gegenseitig verstärken können, kann dies auch bei positiven geschehen. Orientieren Sie sich im Umgang mit sich selbst und anderen immer an *positiven* Bildern und formulieren Sie Ihre Ziele *positiv*.

Wenn Sie beispielsweise einen Vortrag halten, dann hat es wenig Sinn, sich ständig zu sagen: »Hoffentlich hab ich kein Lampenfieber! Hoffentlich bleibe ich nicht stecken!« – die Wahrscheinlichkeit, dass Sie dann doch irgendwann stecken bleiben, wird dadurch nur größer. Denn schon allein durch die ständige Wiederholung sorge ich dafür, dass mein Lampenfieber oder mein Steckenbleiben nicht in Vergessenheit gerät.

Viel besser ist es, Sie stellen sich vor: Der Vortrag ist eben vorbei, Sie stehen auf der Bühne, alles klatscht … Sie haben es erreicht!

Als ich selber einmal vor einer Präsentation nervös war, hat eine Freundin mir eine SMS geschickt, darin stand: »Genieße es!« Das hat mir in diesem Moment sehr geholfen, meine Nervosität war wie weggeblasen, und ich sagte mir: »Na, freu dich doch, du bist eingeladen, die wollen deine Meinung hören – das ist doch etwas sehr Schönes!«

Das Gedächtnis als Skilandschaft
In meinen Seminaren fällt mir immer wieder auf, dass sich gerade Frauen defizitär »verkaufen«. Zum Beispiel sagen sie: »Ich bin Frau Müller, ich bin für das und das zuständig und ich bin nur halbtags hier …« Lieber Himmel! Selbst wenn Frau Müller das »nur« weglassen würde – jemand, der vollzeitbeschäftigt ist, sagt auch nicht: »Ich bin der Herr Direktor Albrecht und ich bin übrigens hier vollzeitbeschäftigt.« So spricht kein Mensch. Ausschließlich Teilzeitbeschäftigte reden in dieser Art und Weise über sich selbst.

Wenn ich diesen Punkt zur Sprache bringe, argumentieren die Frauen gerne: »Ja, aber die Leute, die mich sprechen wollen, müssen doch wissen, dass sie mich nur an einem Teil des Tages erreichen können.« Als ob das bei der Selbstpräsentation überhaupt schon das Thema wäre! Nötigenfalls können Teilzeitbeschäftigte immer noch sagen: »Sie können mich morgen Nachmittag gut erreichen. Dann bin ich hier im Büro.« Das reicht völlig.

Alles, was wir denken und sagen, hinterlässt seine Spuren in uns. Dabei haben wir es selbst in der Hand, was das für Spuren sind. Stellen Sie sich Ihr Gedächtnis vor wie eine Skilandschaft: Je häufiger ein Weg durch den Schnee gefahren wird, desto deutlicher prägt er sich heraus; jeder neue Skifahrer verstärkt ihn. Je öfter Sie sich in Ihrem Denken und Handeln zum Respekt anhalten, desto »geläufiger« werden Sie darin, desto leichter wird Ihnen respektvolles Verhalten in Zukunft fallen.

Die Kraft positiver Glaubenssätze

Positive Gefühle entstehen nicht »schicksalhaft«. Wir können sie steuern. Wir können sie bei uns selbst und bei unsern Kolleginnen und Kollegen hervorrufen. Zum Beispiel durch kraftvolle und positive Leitsätze oder Bilder. Wie integrieren Sie diese in Ihren Alltag? Legen Sie sich Ihren Satz oder Ihr Bild in Ihren Geldbeutel oder gestalten Sie daraus einen Bildschirmhintergrund. Dann begrüßt Sie schon am Morgen der Computer mit einem aufmunternden Bild oder einem netten Fließtext. Oder Ihr Handy-Display begrüßt Sie so oder Ihr Terminkalender ...

Wenn Sie so einen Satz formulieren, dann ist es wichtig ...

- dass es ein *Hauptsatz* ist,
- dass er in der *Gegenwartsform* steht,
- und – natürlich – dass er *positiv* formuliert ist.

Also keinesfalls: »Ich will nicht durch die Prüfung fallen«, sondern: »*Ich bestehe die Prüfung!*« Sie können auch ein Bild mit einem Satz kombinieren – Ihrer Fantasie sind keine Grenzen gesetzt ...

Das besondere Geschenk vom Team

Bevor Sie Ihrer Kollegin oder Ihrem Kollegen zum Geburtstag wieder einmal den üblichen Blumenstrauß oder die alljährliche Flasche Wein überreichen – wie wäre es denn, anstelle dieser Standardgeschenke einmal eine schöne Box zu kaufen ... Eine Box, in die alle Kolleginnen und Kollegen mindestens drei Komplimente für das Geburtstagskind hineinlegen – Stärken, die sie am Geburtstagskind im vergangenen Jahr wahrgenommen haben, oder Dinge, für die sie im vergangenen Jahr dem Kollegen dankbar gewesen sind? All diese Komplimente, Stärken und Momente der Dankbarkeit kommen in die Box hinein. Das wäre doch ein wirklich ungewöhnliches und persönliches Teamgeschenk – und sicherlich nachhaltiger als die Flasche Wein oder der Blumenstrauß.

So eine Zettelbox hat es in sich! Sie zu öffnen, ist immer ein Aha-Erlebnis – vorausgesetzt natürlich, sie ist vorher mit schönen Inhalten gefüllt worden ... Vorschlag: Notieren Sie sich einmal eine oder zwei Wochen hindurch alles, wofür Sie dankbar sind und worüber Sie sich gefreut haben! Und werfen Sie diese schönen Lebensmomente in Ihre ganz persönliche Zettelbox! Da wird zwar nicht immer ein Lottogewinn dabei sein (Obwohl ich's Ihnen wünsche!), aber viele freundliche Kleinigkeiten, die Sie – zumindest für einen kurzen Moment – froh gemacht haben. Schönes Wetter zum Beispiel. Nette Kunden. Die staufreie Fahrt zur Arbeit oder die freundliche Nachricht heute Morgen auf dem Schreibtisch. All das kommt in die Zettelbox.

Oder auch Gewichtigeres, das wir gern als selbstverständlich nehmen: den Arbeitsplatz, die Gesundheit. Sie können versuchen, für jeden Buchstaben des Alphabets einen schönen Lebensmoment zu finden: A wie »Auftrag«, B wie »Blumen«, C wie »Chef«, D wie »Doris«, E wie »Erfolg«, F wie »Ferien«, G wie »Geschenk« ... und so weiter.

Glücksmomente

Manchmal beginne ich ein Seminar mit der Einstiegsfrage: »Gab es heute früh schon etwas, worüber Sie sich freuen konnten?« Oder: »Was ist das Schönste, das Sie heute Morgen schon gesehen haben?« Manchmal antworten mir die Teilnehmer: »Da war nichts Besonderes, Frau Lienhart, das war wie immer.« Dann sage ich: »Überlegen Sie doch noch einmal genau! Ach was, Ihre kleine Tochter hat Sie heute Morgen schon angelächelt? Schau an!« Kleine Momente der Freude ...

Gegenseitige Wertschätzung und wechselseitiger Dank – auch für »Kleinigkeiten« – sind Grundvoraussetzungen für respektvolle Beziehungen. Drücken Sie Ihren Dank so oft aus, wie Sie nur können: »Danke für Ihre Mitteilung!« – »Danke, dass Sie das für mich erledigt haben!« – »Vielen Dank, dass Sie daran gedacht haben ...« – »Danke, dass Sie sich die Zeit nehmen!« Oder auch, ein wenig anders formuliert: *»Ich freue mich*, dass Sie sich Zeit nehmen für unser Projekt!« – »*Ich freue mich* über Ihre Nachricht!« Oder in Frageform, die Wertschätzung vermittelt: »Wie haben Sie es eigentlich geschafft, so gute Beziehungen zu Ihren Kunden aufzubauen?«

> ### ÜBUNG: DER POSITIVE TAG
>
> *Versuchen Sie, einen ganzen Tag lang nur positive Dinge zu sagen. Nur angenehme, fröhliche und warmherzige Äußerungen! Gönnen Sie sich eine Auszeit vom üblichen Jammern und Klagen!*
> *Wenn Sie zum Beispiel gefragt werden: »Na, wie geht's Ihnen denn so?«, sagen Sie dann nicht »Ach, meine Erkältung klingt allmählich ab«, sondern »Ah, heute haben wir doch besonders schönes Wetter, und ich bin schon fast wieder gesund, da freu ich mich drüber!« Das klingt doch gleich ganz anders, nicht wahr?*
> *Machen Sie Komplimente, äußern Sie Dankbarkeit, strahlen Sie Freude aus! Wenigstens einen Tag lang sollte Ihnen das doch gelingen! Prüfen Sie sich*

selbst am Abend dieses Tages: Wie fühlen Sie sich? Haben Sie Lust, das Experiment zu wiederholen? Lassen Sie den Tag Revue passieren: Wie sind Sie heute angekommen bei Ihren Mitmenschen – wie haben zum Beispiel Ihre Kollegen auf Sie reagiert?

3.4 Auf den anderen zugehen: Machen Sie Geschenke

»Gegen Respektlosigkeit hilft nur eines: Respekt.«
Mauritius Wilde

»Geben ist seliger als Nehmen«, heißt es in der Bibel. In diesem Ausspruch drückt sich eine uralte Erfahrung aus: nämlich, dass das Geben an und für sich schon eine Freude ist. Dies gilt im materiellen und im immateriellen Sinn.

Gerade wenn das Verhältnis zu einem anderen Menschen auf der Kippe steht, wenn es schwierig wird, wenn der Respekt verloren zu gehen droht – gerade dann habe ich die Wahl: Wende ich mich definitiv von meinem Gegenüber ab – oder schenke ich ihm trotz allem noch ein weiteres Mal mein Verständnis und meine Zuwendung und gebe unserem Verhältnis eine neue Chance?

Meine Empfehlung ist: Versuchen Sie immer wieder auf den anderen *zuzugehen*. Seien Sie großzügig und wagen Sie es. Gehen Sie in Vorleistung ... Schenken macht reich – selbst wenn es gar nichts kostet.

Schenken Sie Zeit
Eine Beziehung aufbauen heißt, Zeit miteinander zu verbringen. Unter Kollegen reichen auch kleinste Zeiteinheiten, in denen Sie immer wieder signalisieren: »Ihre Situation ist mir wichtig und liegt mir am Herzen.«

Sie können Ihren Respekt schon allein dadurch bekunden, dass Sie Ihrem Kollegen aufmerksam zuhören und sich Zeit nehmen für kleine Rituale: Erfolge gemeinsam zu feiern, ab und zu gemeinsam essen gehen.

»Der Grashalm wächst nicht schneller, wenn man daran zieht.«
Sprichwort aus Afrika

Menschen, die sich respektiert und ernst genommen fühlen, fällt es leichter, sich – früher oder später – zu öffnen. Die Menschen brauchen allerdings unterschiedlich lang dazu, Vertrauen zu entwickeln – mit Zeitdruck und Ungeduld lässt sich in dieser Hinsicht nichts erreichen.

Keine Tricks!

Manchmal gebe ich ein Seminar zum Thema »Einstellungsgespräche«. Dann wollen die Teilnehmer und Teilnehmerinnen manchmal von mir hören: »Welche Tricks gibt es für solche Gespräche? Wie können wir die Bewerber und Bewerberinnen rasch dahin bringen, sich unverstellt zu präsentieren? Wie können wir möglichst schnell erkennen, wie er oder sie wirklich ist? Gibt es da vielleicht ein paar Kniffe, um die neuen Mitarbeiter ein bisschen aufs Glatteis zu führen?« Ich frage dann gerne: »Was ist denn eigentlich Ihr Ziel? Sie wollen jemanden für Ihr Unternehmen. Jemanden, der das Anforderungsprofil erfüllt. Sie wollen möglichst keine Fehlentscheidung treffen. Dazu müssen Sie den Menschen kennenlernen. Wenn Sie wollen, dass er sich öffnet, müssen Sie sein Vertrauen gewinnen. Dazu brauchen Sie Zeit – und dann dürfen Sie die Personen gerade nicht unter Stress setzen. Wenn Bewerber sich bei Ihnen wohlfühlen, dann werden sie sich unverstellt präsentieren. Aber nur dann. Daher sollten Sie lieber sich selber fragen: ›Wodurch erreiche ich, dass die neuen Mitarbeiter mir vertrauen?‹ Das geht nicht mit Hektik und Schnelligkeit und schon gar nicht mit ›Tricks‹ – im Gegenteil!«

Schenken Sie Aufmerksamkeit

Gewiss können Sie Ihre Kollegen einteilen in solche, die Ihnen *aufmerksam* zuhören, und solche, die eher oberflächlich bei der Sache sind. Natürlich freuen Sie sich mehr über diejenigen, die Ihnen Aufmerksamkeit schenken.

Probieren Sie es selbst einmal aus, ganz bewusst! Versuchen Sie, wenigstens einige Tage lang *ganz Ohr* zu sein. Sprechen Sie nicht von sich selbst, sondern hören Sie einfach zu, mit Interesse und Wohlwollen!

»Behandele die anderen so, wie du selbst behandelt werden willst« – dieser Grundsatz wurde schon von großen Denkern als oberste ethische Leitlinie empfohlen. Auch im Zusammenhang mit unserem Thema liefert diese Regel den lebenspraktischen Hinweis: »Behandele deine Mitmenschen mit eben demselben Respekt, den sie dir auch entgegenbringen sollen!«

Wenn Sie allerdings Ihre Kollegen beobachten, werden Sie natürlich Unterschiede zu sich selbst feststellen. In Einzelfällen sollten Sie Ihre Kollegen deshalb nicht so behandeln, wie *Sie selbst* behandelt werden wollen – sondern so wie Ihre *Kollegen* das möchten.

Beispiel: Sie wissen, dass Ihr Kollege erhebliche Schwierigkeiten hat, sich direkt bei Arbeitsbeginn auf komplizierte Sachverhalte zu konzentrieren. Im Gegensatz zu Ihnen ist er eher ein »Morgenmuffel«; er erlangt seine volle Präsenz erfahrungsgemäß erst am vorgerückten Vormittag. Sie selber dagegen sind am frühen Tag schon fit und wach. In solch einem Fall wäre es fast ein wenig grausam, sich wortgetreu an der Goldenen Regel zu orientieren und Ihren Kollegen die kompliziertesten Mehrwertsteuerkalkulationen bereit um halb 9 Uhr morgens auf den Schreibtisch zu knallen. Wenn Sie aufmerksam und respektvoll sind, werden Sie ihm diese Arbeit nach Möglichkeit erst etwas später abverlangen.

In Einzelfällen können Sie die Goldene Regel also getrost ein wenig umformulieren: »Behandele den anderen so, wie *er selbst* behandelt werden möchten.« Darin kann sich sogar ein noch größerer Respekt vor unserem Gegenüber ausdrücken, als wenn wir uns immer nur an uns selber orientieren.

Feedback als Geschenk
Auch Feedback (= Rückmeldung) zu geben, ist eine Art Geschenk. Vorausgesetzt allerdings, diese Rückmeldung wird grundsätzlich gewollt. Stellen Sie sich einmal vor, Sie wären mit einer Kollegin im Gespräch, die Ihnen mit starrer Mimik wortlos gegenübersitzt ... Die also auf Ihre Worte hin weder nicken oder »ja« sagen würde, die niemals lächeln noch die Stirn runzeln würde; die Ihnen keines der üblichen kleinen Signale des Verstehens zukommen ließe. Das wäre stark verunsichernd für Sie und Sie würden recht bald aufhören zu sprechen. Auch sähen Sie im Verhalten der Kollegin womöglich auch einen Ausdruck mangelhaften Respekts Ihrer Person gegenüber – obwohl die Kollegin vielleicht einfach schüchtern ist. Aber nur, wenn sie nicht schweigt, sondern laut denkt und sich äußert, können Sie erkennen, wie Ihre Worte – womöglich darüber hinaus Ihre ganze Person – bei ihr »ankommen«.

Wir alle brauchen Feedback wie Essen und Trinken. Feedback ist lebensnotwendig. Kinder, mit denen man nicht spricht, verkümmern. Zu den kleinen Alltagsmünzen des Feedback zählt das Wörtchen »Dankeschön«. Wie negativ fällt sein Fehlen auf!

Beispielsweise wenn ich Trinkgeld gebe und die Person sich nicht dafür bedankt, befremdet mich das immer wieder aufs Neue.

Zum Feedbackgeben gehört manchmal Mut. Nehmen wir den Fall: Jemand im Team hat einen unangenehmen Körpergeruch. Alle nehmen es wahr, doch keiner sagt etwas. Wenn einer aus dem Team sich schließlich ein Herz fasst und den betreffenden Kollegen oder die betreffende Kollegin darauf hinweist – selbstverständlich freundlich und mit Wertschätzung –, dann macht er ihm/ihr (und in diesem Fall dem gesamten Team) ein großes Geschenk.

Verschenken Sie Komplimente

Wie wäre es, wenn Sie in Zukunft Ihre Besprechungen im Team mit einer Komplimenterunde beginnen oder ausklingen lassen würden? Erwähnen Sie darin die Alltagsarbeiten, die Ihnen positiv aufgefallen sind: »Alle Achtung, was Sie da geschafft haben!« Kaum etwas anderes befördert das Zusammengehörigkeitsgefühl und den Respekt voreinander so intensiv wie die wechselseitige, laut geäußerte Anerkennung.

Manchmal übe ich das mit Teams in meinen Seminaren. Warum nicht einmal mit einem Kompliment beginnen? Zum Beispiel: »Ich habe mitgekriegt, wie Sie heute Morgen mit dem Kunden XY telefoniert haben. Ich weiß, das ist ein schwieriger Kunde und ich war beeindruckt, wie Sie dieses Gespräch geführt haben.« Oder: »Ich mache Ihnen ein Kompliment für die schöne Krawatte, die Sie heute tragen.« Oder: »Einfach fantastisch, wie gut Sie vorbereitet sind!« und so weiter.

Man *denkt* solche Sachen ja manchmal durchaus! Aber man *denkt* sie nur. Und dann vergisst man, sie zu sagen.

Wie also kann ich mir einen Anker setzen, einen kleinen Hinweis für mich selbst, damit ich daran denke, den Kollegen zu loben? Ob ich nun einen Knoten in mein Taschentuch mache oder mir irgendwo einen schönen Stein hinlege oder eine Postkarte auf den Schreibtisch stelle … Es gibt viele Möglichkeiten.

Der Bildschirmschoner

Bei meinem Hausarzt habe ich einmal einen hübschen Bildschirmschoner gesehen, einen Schriftzug als laufendes Schreibband: »Heute schon die Mitarbeiterinnen gelobt?« Jetzt wollen wir hoffen, dass es nicht die Mitarbeiterinnen selbst waren, die ihm den Bildschirmschoner so eingerichtet haben!

ÜBUNG: MINIKOMPLIMENTE

Lesen Sie die folgenden »Freundlichkeiten« durch und machen Sie im Alltag so oft wie möglich Gebrauch davon! Jede dieser winzigen Äußerungen trägt dazu bei, dass es ein wenig heller wird im Raum:

Genau! – Toller Vorschlag! – Find' ich prima! – Eine interessante Frage! – Wunderbar! – Vielen Dank! – Ich freue mich! – Einverstanden! – Selbstverständlich! – Ich stimme mit Ihnen überein! – Sie sind wirklich Expertin auf diesem Gebiet! – Gute Idee! – Ja, das greife ich gern auf! – Oh, das notiere ich mir gern! – Genau das meine ich! – Ein wesentlicher Punkt! – Sie haben recht! – Genau, so machen wir's! – Ein sehr wichtiger Punkt! – Herzlichen Dank, Frau/ Herr ...

Zeigen Sie Mitgefühl

Über die Bedeutung des Mitgefühls *sich selbst gegenüber* haben wir bereits im ersten Teil gesprochen. Es ist keine Schande, sich emotional zu zeigen, wenn die Dinge einmal nicht so gelingen – es ist wohltuend, sich selbst und anderen auch Schwächen zuzugestehen. Sich einzugestehen, dass *andere gleichermaßen* Bedürfnisse haben wie ich selber und dass sie den gleichen Respekt erfahren wollen wie ich auch.

Natürlich ist das manchmal nicht leicht. Denn das kann etwa auch heißen, Mitgefühl zu zeigen einem Kollegen gegenüber, der einen vielleicht nervt, der vielleicht cholerisch ist, durch den ich selbst erhebliche Mehrarbeit habe ... Für diesen Menschen Mitgefühl aufzubringen, ist wirklich schwer!

Eine meiner Kolleginnen gebraucht manchmal den schönen Satz: »Er kann's halt nicht anders!« Das ist wirklich ein wohltuender Satz, denn er sagt über einen anderen Menschen: »Da sind seine Grenzen, soweit kann der gehen.« Der Satz verurteilt nicht, sondern er respektiert, versteht und verzeiht.

Schenken Sie Vertrauen

Respekt und Vertrauen sind unmittelbar miteinander verknüpft. Schenken Sie Ihren Kolleginnen und Kollegen Vertrauen, denn auf Dauer fühlen wir uns nur in einer vertrauensvollen Atmosphäre wohl. Wer seiner Umgebung ständig mit lauerndem Misstrauen begegnet, verbreitet Unwohlsein – und dürfte selber auch nicht unbedingt zu den glücklichen Menschen zählen ...

Manchmal braucht es auch einen Vertrauensvorschuss, besonders in Zeiten, in denen Sie es schwerer miteinander haben. Vertrauen Sie darauf, dass Sie auch künftig wieder gut zusammenarbeiten werden, vor allem, wenn es in der Vergangenheit gut geklappt hat.

Und – auch das gehört zum Respekt vor anderen: Ich darf das entgegengebrachte Vertrauen nicht enttäuschen.

Ohne gegenseitiges Vertrauen kann auf Dauer kein Team funktionieren und auch kein Unternehmen. Und ohne wechselseitigen Respekt können Menschen weder zusammenarbeiten noch zusammenleben.

Schenken Sie Entgegenkommen

Reichen Sie Ihren Kolleginnen und Kollegen die Hand, besonders, wenn diese im Fettnäpfchen sitzen. Helfen Sie Ihnen möglichst dezent wieder heraus. Oder (falls möglich): Sie ignorieren den Vorfall, gehen einfach darüber hinweg. Denn wer weiß? Der Teufel ist bekanntlich ein Eichhörnchen. Das nächste Mal stecken vielleicht Sie selbst im Fettnäpfchen – und sind froh, wenn sich eine helfende Hand Ihnen entgegenstreckt.

Es gibt immer ein »nächstes Mal«. Sorgen Sie dafür, dass niemand das Gesicht verliert. Eine uralte Kriegsweisheit empfiehlt, einem geschlagenen Feind den Rückzug zu ermöglichen, statt ihn in eine Verzweiflungsschlacht zu zwingen. Wer in die Enge getrieben wird, wehrt sich mit der sprichwörtlichen »Kraft der Verzweiflung«. Es ist besser für alle Beteiligten, diese Kraft nicht zu wecken, sondern eine Brücke zu bauen, einen Ausweg zu zeigen, eine Hand hinzustrecken. Und respektvoller ist es ohnedies.

Verzeihen Sie!

> *»Von einer schweren Kränkung kann man sich nur erholen,*
> *indem man vergibt.«*
> Alan Paton, südafrikanischer Schriftsteller

Seien Sie großzügig darin, anderen Menschen zu verzeihen. Schuldzuweisungen bringen gar nichts, erst recht nicht der Hinweis auf die Rechtslage – dadurch wird die Atmosphäre nur noch mehr aufgeheizt. Scheuen Sie sich auch nicht, selbst um Entschuldigung zu bitten, wenn der Fehler bei Ihnen liegt.

Entschuldigungen sind heilsam – was eine Salbe oder ein Pflaster für den Körper tun, leisten Entschuldigungen für die Seele. Unschöne Worte oder Taten können zwar nicht ungeschehen gemacht werden – und manchmal fällt die Bitte um Verzeihung richtig schwer. Doch wenn das Verhältnis zwischen zwei Kollegen in Schieflage geraten ist, können *beide gemeinsam* dafür sorgen, dass es wieder gerade gerückt wird. Die Worte »Entschuldigung!« oder »Es tut mir leid«, oder »Ich bitte um Nachsicht« bauen Brücken des Respekts dafür.

Entschuldigen heißt nicht, untätig auf die Verzeihensbitte des anderen zu warten: »Meine Kollegin – ach, wann entschuldigt die sich endlich dafür, dass sie mir schon wieder einen Riesenberg unerledigter Aufgaben überlassen hat?« – »Mein Chef – Herrgott, wann sagt der endlich, dass es ihm leidtut, wenn er sich mir gegenüber im Ton vergreift …« Verzeihen heißt manchmal sogar, der Bitte um Entschuldigung *zuvorzukommen* und bewusst einen Schritt auf den anderen hinzugehen – also *aktiv* die Verantwortung für ein gutes Miteinander zu übernehmen.

3.5   Mit dem richtigen Ton Respekt bekunden

> *»Durch den Tonfall kann man viel mehr zum Ausdruck bringen*
> *als mit den Worten selbst.«*
> Malcolm Forbes, amerikanischer Großverleger

An großen Schauspielern bewundern wir nicht so sehr das, *was* sie sagen, sondern die Art und Weise, *wie* sie es sagen. Körpersprache, Stimme und Sprechweise haben einen überragenden Anteil an der Überzeugungskraft der Worte. Der Ausdruck muss zum Inhalt *passen*.

Wenn Ihr Chef zu Ihnen sagt: »Das ist aber schön, dass Sie auch schon da sind …,« er dabei aber nicht lächelt, sondern seine die Augenbrauen hochzieht und auf seine Uhr zeigt, dann wissen Sie, dass er vermutlich etwas anderes meint, als er sagt …

Sprache kann eine Quelle von Missverständnissen sein. Wer dies bedenkt, wird sich bemühen, möglichst ohne Umschweife zu sprechen, klar und verständlich. Dieser

Mensch wird sich im Kollegenkreis keinen intellektuellen Spielereien hingeben oder Fremdwörtern, Anglizismen, Abkürzungen und Fachbegriffe verwenden, mit denen der Andere nichts anfangen kann. Er – oder sie – wird nicht belehrend sein, abstrakt oder unpersönlich. Denn diese Art des Sprechens drückt wenig Respekt vor den Zuhörern aus; sie ist eher geeignet, sich den Respekt der anderen zu verscherzen als ihn zu erwerben.

Klartext sprechen

> *»Solang ma mitenander schwätzt, isch nix hi!«*
> aus Schwaben

Machen Sie *Verständlichkeit* zu Ihrem Leitwort! Sagen Sie nicht vage: »Ich bin heute nicht so gut drauf …« – sondern ganz konkret: »Ich habe heute Kopfweh«, »Ich hatte Streit mit Frau X«, »Ich bin frustriert, weil ich das ganze Wochenende über arbeiten musste«. Vermeiden Sie diffuse Formulierungen wie »Ich fände es gut, wenn Sie sich in Zukunft mehr anstrengen würden« – nennen Sie Ross und Reiter! (Nämlich: »anstrengen« – bei welcher Tätigkeit? »Mehr« – in welchem Grade? »Zukunft« – was für einen Zeitraum umfasst dieses Wort im konkreten Fall?)

Formulieren Sie:

- nicht vage, sondern *deutlich,*
- nicht persönlich, sondern *sachlich,*
- nicht pauschal, sondern *konkret,*
- nicht herabsetzend, sondern *positiv.*

Manchmal höre ich Menschen klagen: »In meinem Büro werde ich so oft gestört. Ich kann dort gar nicht konzentriert arbeiten.« Dann frage ich: »Woran können die Kollegen denn *erkennen*, dass Sie sich einmal besonders konzentrieren müssen?« Da höre ich dann die unterschiedlichsten Antworten: »Na, wenn meine Bürotüre geschlossen ist!« Oder: »Wenn halt mein Schreibtisch voll ist!« Oder: »Wenn ich meinen Kollegen nicht anschaue!« Und so weiter. Finden Sie sich womöglich in diesem Beispiel selber wieder? Finden Sie auch, dass dies eine reichlich vage Art zu kommunizieren ist? Müssten die Kollegen für den Fall, dass einer von ihnen nicht gestört werden will, nicht *vorher* eine glasklare Vereinbarung getroffen haben – ein Signal, das soviel Eindeutigkeit besitzt wie das berühmte Schild vor Bürotüren: »Bitte nicht stören!«?

Aus dem Herzen sprechen

>*Was das Herz berührt, prägt sich ins Gedächtnis ein.*«
Voltaire

Nur wer klare, eindeutige Worte wählt, und gleichzeitig *aus dem Herzen* spricht – ist überzeugend und authentisch. Er braucht sich über den richtigen Tonfall oder den angemessenen Körperausdruck keine Gedanken mehr zu machen: Tonfall und Körpersprache passen sich dann nämlich automatisch an und unterstreichen das gesprochene Wort.

Voraussetzung, um »aus dem Herzen« sprechen zu können ist jedoch, dass Sie in Fühlung sind mit sich selbst (siehe Kap. 1.2). Prüfen Sie immer wieder Ihre eigene Motivation. Denn gerade, wenn Sie Kritik äußern, ist es besonders spürbar, ob Sie dies aus einer respektvollen Haltung und aus dem Herzen heraus tun oder nicht.

>*Sag mir die Wahrheit mit Liebe.*«
Liz Howard

Kritisieren Sie nicht die Person, sondern immer nur die Sache. Versuchen Sie nicht, den anderen zu verändern und verzichten Sie auf Vorwürfe und persönliche Angriffe! Werfen Sie niemandem leichthin unsensibles oder inakzeptables Verhalten vor. Versuchen Sie vielmehr, sich in den anderen hineinzuversetzen – vielleicht hat er ja, *von seiner Seite aus gesehen,* gar nicht einmal so unrecht.

ÜBUNG: DER TAG OHNE KRITIK

Kritisieren ist immer leicht. Wenn Sie merken, dass kritische Bemerkungen bei Ihnen die Tendenz haben, sich zu verselbstständigen, dann arbeiten Sie dagegen an! Nehmen Sie sich vor, auf Kritik so weit wie möglich zu verzichten – vielleicht zunächst an einem Tag pro Woche, später an zwei, dann an drei Tagen ... Sie werden merken, dass es oft gar nicht nötig ist, Kritik zu üben und dass Sie mit Freundlichkeit und Einfühlungsvermögen ebenso weit kommen.

Vorgesetzte kritisieren – aber wie?

*»Es ist viel wertvoller, stets den Respekt der Menschen als gelegentlich
ihre Bewunderung zu haben.«*
Jean-Jacques Rousseau

Immer wieder beklagen sich Menschen bei mir im Coaching über ihre Vorgesetzten ...
Die Vorgesetzten, deren Handy während einer Besprechung ständig klingelt ... Die
immer wieder zu spät kommen ... Die so unsicher sind in den Anweisungen ... Oder
ihre Mitarbeiterinnen und Mitarbeiter vor aller Augen und Ohren herunterputzen.

Ärgerlich – klar! Und dann werde ich gefragt: »Was tun? Soll ich wirklich meinen Chef
kritisieren? Also, ich weiß nicht ... Wie soll ich das denn anstellen?«

Wenn Sie beabsichtigen, Kritik an Ihrem Vorgesetzten zu üben, und wenn Sie dies
mit Respekt tun möchten, empfiehlt es sich, mit einem Höchstmaß an Behutsamkeit
vorzugehen und vor allem darauf zu achten, dass er nicht das Gesicht verliert. Das
heißt, das Kritikgespräch sollte unter vier Augen stattfinden.

Fallen Sie nicht mit der Tür ins Haus – bitten Sie um einen Termin. Sorgen Sie möglichst dafür, dass das Gespräch in ruhiger Atmosphäre vonstattengehen kann – also
nicht, wenn der Chef in zwei Stunden nach Bangkok aufbrechen muss. Seien Sie gut
vorbereitet, auch auf Gegenargumente und Widerstand ...

Formulieren Sie Ihre Kritik am besten als konstruktiven Vorschlag – und streichen
Sie die Vorteile heraus, die dem Unternehmen erwachsen, wenn sich der Chef Ihre
Position zu eigen macht. Und nur nicht persönlich werden! Was für Kritikgespräche
ganz allgemein gilt, gilt hier im Besonderen: Kritisieren Sie allenfalls das *Verhalten*
des Vorgesetzten, aber nicht die *Person*. Trennen Sie dies glasklar – lassen Sie durchaus Wertschätzung vor der Person des Chefs durchblicken; das kann Ihrem Anliegen
nur dienen.

Ihre Initiative wird dann am wirkungsvollsten sein, wenn Sie den Chef als Verbün-
deten gewinnen können. Bitten Sie um *Unterstützung* – damit bekunden Sie sowohl
Ihren Respekt vor der Position des Vorgesetzten und vermitteln diesem zugleich das
Gefühl, in der ihm vertrauten Rolle wirksam werden zu können – umso mehr, wenn er
sich Ihrem Anliegen anschließt ... Seien Sie klar in Ihren Worten – achtungsvoll, aber

nicht demütig. Beenden Sie das Gespräch – auch wenn es spannungsreich gewesen sein sollte – mit einem freundlichen Signal. Bedanken Sie sich zumindest für die Zeit, die der Chef für Sie erübrigt hat – und natürlich, wenn Sie das können, für die in Aussicht gestellte Veränderungsbereitschaft.

3.6 Den respektvollen Dialog suchen

In einer lustigen Szene hat der Kabarettist Kaya Yanar einmal geschildert, wie ein deutscher Vater seinen Sohn zu Rede stellt, der sich beim Spielen verspätet hat. »Er hat seinem Sohn gegenüber den schlimmsten Satz ausgesprochen, den Deutsche überhaupt zueinander sagen können, den allerschlimmsten. Nämlich: ›Wir müssen reden!‹«

Ist es wirklich so schlimm? Oder hat sich Kaya Yanar nur auf Kosten der Deutschen einen kleinen Scherz erlaubt?

Seiner Herkunft nach bezeichnet der Ausdruck »Dialog« jedenfalls nichts Schlimmes. Er stammt aus dem Griechischen und bedeutet – ganz neutral – ein »Wort« (= logos), das sich zwischen den Menschen »hindurch« (= dia) bewegt. Auf welche Art und Weise es sich bewegt, besonders im Konfliktfall – darauf allerdings kommt es an …

Doch, manchmal müssen wir reden! Und oft sollten wir es auch. Insbesondere wenn es uns wichtig ist, den Respekt voreinander zu pflegen und zu erhalten. Konflikte klären sich nicht von allein. Sie lösen sich nicht, indem man sie aussitzt. Oder, indem man sie leugnet. Oder, indem man sie bagatellisiert. Zähne zusammenbeißen kostet nur Kraft! Wenn ein Konflikt immer wieder unterdrückt wird, dann belastet er das Unterbewusstsein und unter Umständen sogar die Gesundheit.

Der beste Zeitpunkt für einen reinigenden Dialog ist kurz nach dem konfliktauslösenden Vorfall – wenn beide Parteien etwas Ruhe gefunden haben und nicht mehr unter dem unmittelbaren Eindruck der Situation stehen. Verpassen Sie diesen Moment, dann kann es sein, dass sich Ihre Haltung dem Anderen gegenüber unversehens wandelt: Aus Achtung wird Missachtung. Dann erlischt der Gesprächsbedarf auch irgendwann, weil wir uns bereits eine Meinung gebildet haben – »Kollege Schmidt ist eben ein Sonderling, mehr gibt es dazu nicht zu sagen«. Wir haben uns eine feste

Ansicht gebildet, von der wir ungern wieder Abschied nehmen und der Respekt voreinander geht unvermerkt verloren.

Einen Dialog mit Respekt zu führen bedeutet, einander »wirklich« zu begegnen, sich nichts vorzumachen, nicht schein-freundlich zu sein oder »scheißfreundlich«, sondern authentisch und ehrlich um Verständigung bemüht. Es bedeutet, die Meinung des anderen mit Achtung entgegenzunehmen – nicht bewertend, sondern zunächst einmal in einer möglichst freundlichen und offen-neugierigen Haltung: »Ich bin okay, du bist okay – egal, was uns im Augenblick vielleicht trennen mag …« Nur wenn wir uns auf diese Art und Weise bemühen, herauszufinden, welche Gedanken und Gefühle hinter dem Verhalten und hinter den Schlussfolgerungen des anderen stehen mögen, werden wir fähig sein, (gemeinsam) neue Sichtweisen zu entwickeln und Lösungen zu finden.

SO KLAPPT'S MIT DER VERSTÄNDIGUNG: DIE ZEHN WICHTIGSTEN TIPPS

1. Überlegen Sie sich vorher den ungefähren Ablauf des Gesprächs.
2. Hören Sie aktiv und mitfühlend zu. Zuhören heißt noch nicht gutheißen.
3. Lassen Sie Ihr Gegenüber ausreden und fragen Sie nach, wenn Ihnen etwas unklar ist.
4. Halten Sie Pausen aus, denn sie können ein Zeichen für Unklarheiten, Angst oder Ratlosigkeit sein.
5. Nehmen Sie versteckte und vage Signale (Mimik, Tonfall, Körpersprache) Ihres Gegenübers wahr.
6. Beachten Sie Gefühle – Ihre eigenen und die Ihres Gegenübers – und sprechen Sie diese an.
7. Gebrauchen Sie positive Formulierungen.
8. Weisen Sie keine Schuld zu.
9. Bemühen Sie sich, deutlich zu sein in dem, was Sie sagen, und in dem, was Sie über Ihre Worte hinaus vermitteln.
10. Zeigen Sie Einfühlungsvermögen, versetzen Sie sich innerlich in Ihre Gegenüber hinein!

4 Härtefälle

4.1 Wenn Sie einen Kollegen einfach nicht respektieren können

Vielleicht denken Sie sich nun: »Schön und gut! Frau Lienharts Hinweise sind Gold wert. Aber nicht für mich! Denn leider habe ausgerechnet *ich* einen Kollegen, mit dem das alles nicht funktioniert. Schon wenn der morgens hereinkommt, kriege ich Gänsehaut. Ich kann ihn einfach nicht leiden – und respektieren schon gar nicht!«

Ja, es gibt solche Härtefälle. Es sind echte Herausforderungen! Wenn Sie tatsächlich solch einen Kollegen täglich um sich haben – was können Sie tun?

Zunächst: Gehen Sie in *Selbstbeobachtung*. Reflektieren Sie in aller Ruhe Ihr Verhalten, Ihre Gefühle und Ihre Gedanken. Tun Sie dies, wenn Sie durch nichts beeinträchtigt sind – also möglichst *nicht* im Büro, wenn das geschäftige Leben um Sie tobt, sondern besser in einer ungestörten Atmosphäre, wenn Sie für sich sind. Nehmen Sie sich eine halbe Stunde Zeit für die folgende Übung.

🖉 DIE BESONDERS SCHWIERIGEN KOLLEGEN

- Was genau *ist* das, was mich an meinem Kollegen/meiner Kollegin so stört? Bin ich eher irritiert oder verärgert? Aufgewühlt oder vielmehr entsetzt?
- Fühle ich mich durch sie/ihn verunsichert? In welcher Hinsicht – kann ich das näher einkreisen?
- Was genau ist es, was mich schier in den Wahnsinn treibt?
- Was kann oder macht er/sie nicht so gut? Wo steht sie/er sich manchmal selbst im Wege?
- Andererseits: Gibt es etwas, das mir an ihm/ihr durchaus gefällt?
- Wo liegen seine/ihre Stärken? Was kann und macht sie/er besonders gut?
- Für welche Aufgabe ist er/sie hervorragend geeignet?

Vielleicht denken Sie bei den drei letzten Fragen: »Ach, da fällt mir nun überhaupt nichts Positives ein!« Aber weichen Sie bitte nicht aus – beantworten Sie diese Fragen trotzdem. Erst wenn Ihnen auch nach längerem Nachdenken kein Einfall kommt, wenden Sie sich an einen Kollegen oder an eine Kollegin, deren Urteil Sie vertrauen:

»Hast *du* vielleicht eine Idee, was man über diesen sehr speziellen Menschen Positives sagen könnte?«

Die Antwort auf die Frage »Was macht mich an ihm oder ihr regelrecht wahnsinnig?« ist besonders aufschlussreich ... Denn wenn Sie sich selbst gut genug kennen, dann verstehen Sie, warum Sie bei manchen Menschen und in manchen Situationen leicht in Stress geraten. Diese Frage verweist immer auf denjenigen zurück, der so empfindet. Daher lässt sie sich entsprechend umformulieren: »Wo genau dockt das Verhalten des Kollegen bei *mir selber* an?«

»Ansprüche ohne Ende!«
Ich erinnere mich an eine Geschäftsführerin bei mir im Coaching, die sich einmal furchtbar aufgeregt hat. Sie leitet einen großen Cateringservice und hatte gerade einen ganzen Vormittag mit Einstellungsgesprächen hinter sich. Jetzt war sie auf 180. »Es ist unglaublich, Frau Lienhart, was die Bewerber heutzutage für Ansprüche haben!«, rief sie aus. »Der eine will abends nur bis 20 Uhr arbeiten, der Zweite kann samstags nie, der Dritte lehnt es ab, Nebentätigkeiten zu übernehmen. Ansprüche ohne Ende! Was glauben die eigentlich? So geht das einfach nicht!«

Und jetzt dürfen Sie natürlich dreimal raten, warum diese Frau zu mir ins Coaching kam? Weil sie viel zu viel arbeitet, weil sie lernen wollte, besser nach sich zu schauen und sich auch einmal abzugrenzen ... Die Tatsache, dass sich die Geschäftsführerin so intensiv über die Ansprüche der Bewerber/innen aufgeregt hat, war ein überdeutlicher Hinweis auf sie selbst ...

Die vier Spiegelgesetze
Immer wenn mich etwas »wahnsinnig« aufwühlt, heißt das, dass es an irgendeiner Stelle *bei mir* andockt. Vielleicht handelt es sich um eine Projektion? Vielleicht begegne ich in dem Wesen oder Verhalten meines Gegenübers der Spiegelung meines eigenen Wesens und Verhaltens?

1. Spiegelgesetz
Alles, was mich am anderen stört, ärgert, aufregt oder in Wut geraten lässt und ich an ihm anders haben will, *habe ich als Aspekt auch in mir selbst.*
Alles, was ich am anderen kritisiere oder sogar bekämpfe und an ihm verändern will, kritisiere, bekämpfe und unterdrücke ich in Wahrheit in mir selbst und hätte es auch in mir gerne anders.

2. Spiegelgesetz

Alles, was der andere an mir kritisiert, bekämpft und an mir verändern will, ist – wenn ich mich deswegen verletzt fühle und es mich daher so *ganz ebenso betrifft* – ist in mir noch nicht richtig erlöst und meine gegenwärtige Persönlichkeit fühlt sich beleidigt, mein Ego ist noch sehr stark, meine Selbsterkenntnis noch schwach.

3. Spiegelgesetz

Alles, was der andere an mir kritisiert und mir vorwirft oder anders haben will und bekämpft, mich jedoch nicht berührt, ist sein eigenes Bild, sein eigener Charakter, seine eigenen Unzulänglichkeiten, *die er auf mich projiziert.*

4. Spiegelgesetz

Alles, was mir am anderen gefällt, was ich an ihm liebe, *bin ich selbst*, habe ich selbst in mir und liebe dies auch an anderen. Ich erkenne mich selbst im anderen – in diesem Augenblick sind wir eins.

Nutzen Sie die nachstehenden Fragen, um über sich selbst nachzudenken. Bleiben Sie dabei möglichst neutral, schalten Sie den »inneren Beobachter« ein. Führen Sie sich die Begegnungen mit dem Kollegen, der es Ihnen so schwer macht, noch einmal vors innere Auge. Achten Sie auf Ihre Reaktionen, auch auf Ihre Körpersignale – das hilft Ihnen, Zusammenhänge zu erkennen.

ÜBUNG: DER KONFLIKT MIT MEINEM KOLLEGEN

Was sagt mir das über mich selbst?
- Welche Reaktionen (auch Körpersignale) stelle ich bei mir fest, wenn ich an meinen schwierigen Kollegen oder an meine schwierige Kollegin denke?
- In welchen Situationen erscheint mir mein Kollege oder meine Kollegin als besonders unangenehm? Warum?
- Woran erinnern mich diese Situationen?
- Andererseits: Löst mein Kollege/meine Kollegin manchmal auch angenehme Empfindungen bei mir aus? Warum?
- Gibt es Situationen, in denen ich ihn/sie sogar als positiv und sympathisch wahrnehme?
- Woran erinnern mich diese Situationen?

Die Frage nach dem Wozu?

Was meinen Sie: *Wozu* ist es gut, dass sich der Kollege so verhält? *Wozu* ist es gut, dass Ihre Kollegin immer wieder diese schreckliche Art an den Tag legt, die Sie kaum atmen lässt, wenn Sie sich im selben Raum mit ihr befinden? *Wozu* – und nicht: Warum?

Die Frage nach dem Wozu hat es in sich … Erinnern Sie sich an unsere Überlegung im ersten Buchkapitel, als wir über den tieferen Grund unserer Schwächen nach-gedacht haben? Damals haben wir festgestellt, dass jede unserer Schwächen auch mindestens einen Nutzen mit sich bringt und dass wir aus jeder einzelnen Schwäche auch Vorteile ziehen können. (siehe Kap. 1.4) Jeder, der sich in irgendeiner Weise *verhält*, verspricht sich einen Nutzen aus dem, was er tut oder was er sagt.

Nehmen wir zum Beispiel einen Menschen, der cholerisch ist. Welchen Nutzen zieht ein Choleriker aus seinem Verhalten? Nun, vielleicht kann er sich in manchen Situationen besser durchsetzen. Oder er nutzt es als Möglichkeit, um Stress abzubauen – zweifellos ein Vorteil im Vergleich zu anderen Menschen, die Stress in sich hineinzufressen pfle-gen …

Natürlich können Sie sich genau dasselbe fragen im Hinblick auf schwierige Zeitge-nossen. Über die Frage:»*Wozu macht er das – wozu ist das für ihn selber gut?*« können Sie möglicherweise dem Grund für seine Verhalten auf die Spur kommen.

Kennen Sie die Aussage:»Es gibt keine schwierigen Kunden?« Genauso könnten Sie sich sagen:»Schwierige« Kollegen gibt es nicht – nur solche, mit denen Sie noch nicht richtig umgehen können. Dahinter steht die Überlegung: Gerade dort, wo es »schwierig« wird/wo der Kollege »schwierig« ist – da gibt es immer einen sehr guten Grund für sein Verhalten. Jedenfalls aus seiner Sicht …

Lernen aus früheren Erfolgen

Eine gute Möglichkeit, den Respekt vor »schwierigen« Kollegen (wieder) zu erlangen, besteht darin, sich an vergleichbare Umstände zu erinnern: Denn wenn Sie bereits einmal eine ähnliche Situation gut gemeistert haben, werden Sie sich bestimmt noch das angenehme Gefühl ins Bewusstsein rufen können, das damit verbunden war. Dann können Sie sich überlegen:»Wann ist es mir denn bereits gelungen, den Respekt zu mit einem problematischen Kollegen wieder zu gewinnen? Wie habe ich das seinerzeit gemacht? Was davon könnte ich möglicherweise auf die jetzige Situation übertragen?«

Eine andere Frage, die ebenfalls hilft, weil sie sehr schnell ins eigene Innere führt, lautet: »Mal angenommen, Sie haben diesen Kollegen nicht zufällig, sondern jemand, der es wirklich gut mit Ihnen meint (z. B. eine gute Fee) hat ihn *ganz bewusst vor Ihre Nase gesetzt* – was dann? Jemand, der es gut mit Ihnen meint und der will, dass *Sie* etwas lernen und sich weiterentwickeln. Wer könnte das sein?«

Diese Frage ist hocheffektiv, und ich setze sie oft ein, wenn es darum geht, die Perspektive zu wechseln und die Menschen zu sich selbst hinzuführen.

Vielleicht sagen Sie jetzt: »Schön und gut. Aber es fällt mir an und für sich überhaupt nicht schwer, anderen Menschen gegenüber Respekt zu zeigen. Mein Problem ist eher, dass ich selber leicht ein Opfer von Respektlosigkeiten werde.«

Ja, was dann?

4.2   Wenn ich selbst nicht respektiert werde

In den vergangenen Absätzen haben wir den »Härtefall« einer Kollegin oder eines Kollegen untersucht, der es mir schwer macht, ihm Respekt entgegenzubringen. Nun kommt natürlich auch der umgekehrte Fall vor: nämlich, dass Sie selbst nicht respektvoll behandelt werden. Was können Sie tun?

Respektlosigkeiten geschehen häufig von plötzlich, sozusagen aus heiterem Himmel heraus. Wenn Sie merken, dass die Situation derart aufgeladen ist, dass Ihre Gefühle hoch schäumen, dass Sie heftig verletzt sind – wie vermeiden Sie dann, respektlos und impulsiv zu reagieren, vielleicht gar Dinge zu sagen oder zu tun, die Sie später bereuen?

HEFTIGE REAKTIONEN IM GRIFF HABEN

1. Das Stoppsignal
Setzen Sie ein *Stoppsignal*! Zum Beispiel, indem Sie das Gespräch unterbrechen. Oder tief Luft holen … Sie können auch aufstehen und Ihren Schreibtisch verlassen. Oder einfach ausnahmsweise früher nach Hause gehen.

All das dürfen Sie sich durchaus erlauben, ohne dabei das Gefühl haben zu müssen, Ihr Gesicht zu verlieren oder eine Niederlage zu erleiden.

Das Mittel, um eine Situation sofort zu entschärfen, heißt also: »Tempo raus!« Tun Sie etwas, um Zeit zu gewinnen.

2. Ein Problem in Urlaub schicken

Wenn Sie merken, dass Sie eine Respektlosigkeit nachhaltig aufwühlt und Ihre Gefühle beherrscht – dann können Sie dieses Problem einfach gedanklich in einen Zug zu setzen und in Urlaub zu schicken ...

Das heißt: Ihr Problem ist nicht weg, macht aber vorübergehend Ferien. Es bedrängt Sie aktuell nicht mehr, weil sie beschlossen haben, sich eine Zeit lang bewusst nicht damit zu beschäftigen. Sie können festlegen, wie *lange* das Problem im Urlaub ist – das *sollten* Sie vorher sogar. Vielleicht einen Tag – und dann sehen Sie weiter. Oder eine Woche? Wie auch immer ... Das ist eine sehr schöne Möglichkeit sich von einem Mahlstrom lästiger, unentwegt kreisender Gedanken zu befreien.

3. Warum denn immer nur vorwärts zählen?

Sie sitzen in einer Besprechung. Ein Kollege greift Sie an oder ein Kunde sagt etwas Respektloses zu Ihnen und Ihre Gefühle wallen auf wie Kochwasser. Ihre Empörung und Wut schießen hoch in den Weltraum und nehmen Sie ungefragt mit. Wie kommen Sie von da oben wieder herunter?

Legen Sie einfach Ihre Hand auf Ihre Bauchdecke, dicht unter dem Zwerchfell ... Konzentrieren Sie sich eine Weile nur darauf, wie sich die Bauchdecke durch Ihren Atem hebt und senkt ... Kein Mensch kriegt mit, wenn Sie das tun, auch nicht, wenn Sie in einem Meeting sind.

Oder Sie zählen rückwärts von fünfzig bis null – ganz bedachtsam, Zahl um Zahl. Auch das wird Ihre Gefühle beruhigen, Ihre Emotionen dämpfen.

Oder Sie beobachten einmal eine ganze Minute lang in aller Ruhe und Aufmerksamkeit den Sekundenzeiger Ihrer Armbanduhr, wie er die Runde macht, von Zwölf bis Zwölf. Auch das ist eine sehr schöne Möglichkeit, sich abzureagieren.

4.2.1   Umgang mit persönlichen Angriffen und Killerphrasen

»Das ist doch Quatsch, was Sie da erzählen!« Oder: »Kommen Sie mir jetzt bloß nicht damit!« Oder: »Davon haben Sie doch gar keine Ahnung!«

Einmal angenommen, Sie stehen vor einer Gruppe – vielleicht präsentieren Sie etwas – und werden plötzlich mit solchen verbalen Übergriffen konfrontiert. Dann müssen Sie wirklich ganz schnell reagieren. Fragt sich nur, wie.

Es gibt viele Trainingsangebote zum Thema »Schlagfertigkeit«. Dabei werden schnelle Reaktionen geübt. Ich halte davon gar nichts, denn selbst wenn ich dadurch im Moment die Oberhand gewinne – der andere wird das nicht vergessen und einfach warten, bis sich in der Zukunft einmal eine Situation ergibt, in der er das Gleichgewicht wiederherstellen kann. Und was habe ich dann, insgesamt betrachtet, von meiner Schlagfertigkeit?

»Man braucht viele Worte, um ein Wort zurückzunehmen«, sagt ein Sprichwort. Nicht zufällig steckt in der »Schlagfertigkeit« der »Schlag«. Mit Respekt – erinnern Sie sich? »Respicere« heißt: »mit Rücksicht auf einen anderen hinblicken« – hat das nicht besonders viel zu tun. Doch an einer – verbalen – Schlägerei ist Ihnen vermutlich auch nicht gelegen. Deswegen kann es nicht darum gehen, den anderen ebenfalls verbal zu attackieren. Viel eher werden Sie darauf achten, das Ruder wieder in eine andere Richtung zu bringen. Unter dem Motto:

Gewinnen, ohne Verlierer zu schaffen.

Wie reagieren Sie angemessen auf einen plötzlichen verbalen Angriff, sodass Sie sich nicht als Opfer fühlen müssen und den anderen gleichzeitig mit Respekt behandeln?

Gewinnen Sie Zeit!

Sie haben die Möglichkeit, auf einen überraschenden Angriff hin erst einmal etwas Zeit zu gewinnen, um Ihre Gedanken zu ordnen. Das ist manchmal nötig. Dann sagen Sie zum Beispiel zu dem Angreifer: »Moment mal« oder »Augenblick bitte!« oder »Eine Sekunde, ich bin gleich bei Ihnen, Herr Maier!« Manchmal reicht das schon aus, um ein wenig Abstand zu gewinnen.

Fragen Sie nach!

Fragen Sie einfach nach: »Was meinen Sie damit?« »*Wofür* haben Sie keine Zeit?« oder »Wovon *genau* habe ich Ihrer Meinung nach keine Ahnung?« etc. Eine Nachfrage bekundet Ihr Interesse, den anderen verstehen zu wollen, und gibt beiden Seiten etwas Zeit, um nachzudenken, sich zu sammeln und zu beruhigen.

Ignorieren Sie den Angriff und erklären Sie Ihr Vorgehen!
Sie können Ihre Position auch in aller Seelenruhe *erklären* – das ist für Ihren Konterpart vermutlich überraschend und nimmt ihm zunächst den Wind aus den Segeln. Es ist für den Angreifer überraschend, weil er davon ausgehen dürfte, dass Sie ihm in demselben rüden Tonfall antworten, mit dem er Sie attackiert hat. Wenn Sie auf seinen Angriff – z. B. »Also, was ist denn das hier für ein Mist? Warum machen Sie das denn so und so?« – ganz freundlich und geduldig reagieren und Ihre Beweggründe ruhig schildern, und über seinen rüden Tonfall schlicht *hinweggehen,* dann wird die Angriffskette dadurch einfach unterbrochen.

Mal kurz die Ebene wechseln
Oder Sie wechseln auf eine Metaebene, das heißt, Sie treten gedanklich einen Schritt zurück vom eigentlichen Thema und betrachten das Gespräch von einer übergeordneten Ebene aus und beschreiben, was Sie beobachten. Zum Beispiel: »Herr Maier, mir fällt gerade Folgendes auf. Ich sage etwas und Sie antworten: ›Ja aber …‹; ich sage wieder etwas, und Sie antworten mir wiederum: ›Ja aber …‹ Immer wieder!«… Dann machen Sie einfach eine Sprechpause oder Sie fragen nach, was das zu bedeuten habe.

Verschieben
Sie erklären: »Auf diesen Angriff hin möchte ich mich erst einmal sammeln. Das kam so überraschend, damit habe ich nicht gerechnet. Ich brauche jetzt etwas Abstand und bitte um Verständnis dafür!«

»Nein« sagen!
Gelegentlich müssen Sie sich auch deutlich positionieren und dem anderen seine Grenzen aufzeigen, manchmal sogar mit einem klaren *Nein.*

Sie sagen »Nein!« – *und halten die anschließend unweigerlich entstehende Gesprächspause aus!* Verwässern Sie die Eindeutigkeit Ihres »Nein« nicht durch eilfertig nachgeschobenen Verbindlichkeiten. Bleiben Sie stark – und bleiben Sie still!

Sie können sogar N*ein* sagen, indem Sie »Ja« sagen … Wie das? Beispiel: Jemand fragt mich: »Frau Lienhart, könnten Sie mir bitte einmal ganz kurz – es geht wirklich absolut schnell – mit etwas helfen?« Dann sage ich »Nein« – aber nicht wortwörtlich; denn meine Entgegnung ist freundlich und positiv: »Ja, das mache ich sehr gern, Frau Schneider. Ich mache jetzt nur noch meine Aufgabe zu Ende, das dauert eine oder anderthalb Stunden, dann bin ich für Sie da.« Eine solche Antwort ist äußerst verbindlich und höflich – und trotzdem ein glasklares »Nein«.

4.2.2   Wenn gar nichts mehr hilft

Kommen wir zum härtesten aller möglichen Härtefälle. Sie haben alles ausprobiert – und nichts erreicht! Keine Lösung ist in Sicht, weit und breit nicht. Sie sind mit Ihrem Latein buchstäblich am Ende. Was dann?

Dann sind wir wieder am Anfang des Kapitels. Erinnern Sie sich an die Leitgedanken für Gelassenheit im Umgang mit anderen, mit dem wir den zweiten Teil dieses Buches eröffnet haben?

1. Realistisch sein – denn Konflikte gehören zum Leben.
2. Wir machen alle Fehler – denn Nobody is perfect.
3. Sie können es nicht allen recht machen – denn das wäre »eine Kunst, die niemand kann«.
4. Gefühle sind immer wahr – denn man kann sich nicht »ver-fühlen«.
5. Nicht alle Konflikte lassen sich lösen – denn manchmal gilt: »*Love it, change it or leave it.*«
6. Alles hat (s)einen Sinn – denn: »Wer weiß, wofür's gut war?«
7. Veränderungsbereitschaft ist eine Grundvoraussetzung – denn manchmal ist eine Veränderung einfach notwendig.
8. Nicht bewerten – denn die Frage »Wer hat recht?« oder »Wer ist schuld?« stellt sich oft überhaupt nicht.

> **WORAN ERKENNEN SIE, DASS EIN KONFLIKT GELÖST IST?**
>
> ⇨ Die erlittene Verletzung wird nicht mehr als Vorwurf ins Gespräch eingebracht.
>
> ⇨ Das unangenehme Gefühl, das es mir so schwer gemacht hat, bestimmte Dinge anzusprechen, hat sich aufgelöst.

4.2.3 Beugen Sie vor!

Erwarten Sie Schwierigkeiten

Ihr Alltag bietet Herausforderungen aller Art, kleinere und größere, an denen Sie sich erproben und Ihre Wetterfestigkeit trainieren können. Sie können trainieren, mutig zu sein oder klar zu sagen, was Sie denken, und vieles andere mehr. Wenn Sie für schwierige Situationen und Herausforderungen bereit sind, ja diese gewissermaßen schon *erwarten* – dann müssen Sie nicht überrascht sein, wenn sie tatsächlich eintreffen, und können bereits im Vorfeld überlegen, wie Sie in dem konkreten Fall dann damit umgehen wollen.

Vereinbaren Sie Spielregeln

Vereinbaren Sie Spielregeln für den Umgang miteinander. Zum Beispiel was grundsätzlich bei Besprechungen gelten soll. Selbst einfache Regeln wie »Handys aus!« oder »Bitte pünktlich erscheinen!« bedürfen der Absprache und Übereinkunft. Solche Spielregeln sind geeignet, Unstimmigkeiten gar nicht erst entstehen zu lassen. Damit wir nicht erst unter dem Druck einer bestimmten Situation handeln müssen, wenn das Kind schon schreiend im Brunnen liegt.

Machen Sie Rückblenden

Am Ende von Besprechungen empfiehlt es sich, gemeinsam zu überlegen: »Was war bei diesem Meeting förderlich? Was war eher hinderlich? Was könnten wir künftig besser machen?« Wenn jeder Teilnehmer und jede Teilnehmerin von vornherein weiß: »Es gibt einen Rahmen, in dem solche Fragen gestellt und beantwortet werden«, dann fördert dies, insgesamt betrachtet, sowohl den respektvollen Umgang miteinander als auch die Effektivität des Zusammentreffens.

Legen Sie Kontrolltermine fest

Terminieren Sie alle Vereinbarungen, sodass alle Beteiligten gemeinsam noch einmal danach schauen, inwieweit die Vereinbarung eingehalten wurde, sinnvoll war oder noch einmal modifiziert werden muss. Kontrolltermine helfen dabei, dass Vereinbarungen auch eingehalten werden.

Teil III: Respekt im Umgang mit Kunden

Respekt und Wertschätzung stellen zentrale Werte für alle Menschen dar. Doch wie sieht es mit dem Respekt gegenüber den Kunden aus? Wird die von vielen Unternehmen propagierte Leitlinie »Wir behandeln unsere Kunden mit Respekt!« auch in die Praxis umgesetzt und von den Mitarbeitern entsprechend gelebt?

5 Ein Beispiel aus der Praxis

Stellen Sie sich bitte folgende Situation vor: Sie rufen in einem kleinen Hotel an, um ein Zimmer für ein paar Tage zu buchen. Sie klären alles ab, was Ihnen wichtig ist: ruhiges Zimmer, Nichtraucher, Parkmöglichkeit etc. Die Dame am Telefon gibt freundlich Auskunft und bestätigt, dass es ein freies Zimmer im gewünschten Zeitraum gibt. Sie fragt noch nach Ihrem Namen und Ihrer Telefonnummer. Am Ende sagt sie: »Bitte schicken Sie uns Ihren Zimmerwunsch noch kurz per Mail, damit wir ein Ticket einstellen können.«

Wie bewerten Sie die beschriebene Situation im Hinblick auf respektvolles Verhalten:

- Ist die Dame von der Rezeption vielleicht respektlos? Im Geschäftsleben ist doch der Kunde König. Warum muss der Kunde noch eine E-Mail schreiben, wenn bereits alles besprochen ist? Wie wäre es, wenn die Rezeptionistin eine Reservierungsbestätigung versendet?
- Ist die Formulierungsweise der Empfangsdame eine Form von Respektlosigkeit? Das Wort »Ticket« versteht vermutlich nicht jeder Kunde.
- Wo ist denn das Problem, es ist doch gar nichts Schlimmes passiert. Da gibt es im Umgang mit Kunden doch ganz andere Probleme und Herausforderungen. Das Wichtigste ist doch die innere Haltung, aus der heraus agiert wird. Daraus ergibt sich die wertschätzende und lösungsorientierte Kommunikation doch wie von selbst.
- Hat vielleicht der Kunde keinen Respekt? Es ist doch nachvollziehbar, dass die Empfangsdame eine schriftliche Buchungsbestätigung benötigt. Von daher hätte er es doch gleich schriftlich machen können und somit hätte er ihr nicht unnötig Zeit abverlangt und Mehrarbeit verursacht. Kunden könnten sich doch ab und zu einfach auch einmal in die Mitarbeiter/innen hineinversetzen. Das wäre Ausdruck von Respekt!
- Wenn der Kunde sich für ein Telefonat entscheidet, hat er bestimmt triftige Gründe hierfür (z. B. er kann besser sprechen als schreiben, er ist nicht versiert im Umgang mit Internet/E-Mails, er hat gar keinen Computer, er ist gerade unterwegs und hat keine Möglichkeit, eine E-Mail zu senden, oder er hat Mühe damit, Vorgänge schriftlich zu definieren, er hat wenig Zeit, er hat Sorge, dass er es wieder vergisst etc.). Müsste sich die Empfangsdame mehr in den Kunden hineinversetzen?

ÜBUNG:

Probieren Sie das bei Gelegenheit einfach einmal aus: Finden Sie mindestens fünf gute Gründe, warum sich ein Kunde auf eine bestimmte Art und Weise verhält. Seien Sie sicher: Aus seiner Sicht hat er ganz bestimmt gute Gründe.

Wer hat nun recht? Die Dame am Empfang oder der Kunde? Im Alltag gibt es immer eine Vielzahl von Vorstellungen und Interpretationsmöglichkeiten, was respektvoller Umgang mit Kunden konkret bedeuten kann. Wie es für den Kunden wirklich ist, können wir herausfinden, indem wir nachfragen.

Häufig wird Respekt in erster Linie über Freundlichkeit oder über ein Lächeln definiert. Doch es gehört noch viel mehr dazu, dem Kunden Wertschätzung und Respekt entgegenzubringen. Es bedeutet, in Kontakt mit dem Kunden zu gehen und eine entsprechende Beziehung zu ihm aufzubauen, denn wenn ein Lächeln aufgesetzt oder antrainiert ist und nicht von Herzen kommt, merken wir es sofort. Dafür haben wir alle ein sehr gutes Gespür.

Wertschätzung und Respekt im Umgang mit Kunden bedeuten, diesem das Gefühl zu geben, willkommen zu sein, sich Zeit für ihn zu nehmen, ihm empathisch und aufmerksam zuzuhören, sich ihm und seinem Anliegen zu widmen, auf ihn einzugehen.

In obigem Beispiel bemerkt die Mitarbeiterin bei der Zimmerbuchung vielleicht z. B. längere Sprechpausen des Kunden oder mehrmaliges Nachfragen. Sie nimmt Zwischentöne, Geschwindigkeit, die Lautstärke, in der der Kunde spricht, wahr und kann so leichter einschätzen, inwieweit der Kunde einverstanden oder irritiert ist oder sich vielleicht sogar ärgert.

Wertschätzung gegenüber Kunden ist also mehr als ein Verhalten. Es ist eine innere Haltung, die dann ein respektvolles Handeln nach sich zieht. Es ist die Art und Weise, wie wir mit einem Kunden in Kontakt treten und mit ihm umgehen. Stimmt die Einstellung zu sich selbst, zur Aufgabe und zu den Kunden, dann sind wir gerne für sie da. Dann ist Freundlichkeit nicht aufgesetzt, sondern sie kommt von innen und wird sowohl in verbalen und nonverbalen Ausdrucksweisen und durch die Körpersprache sichtbar und spürbar.

Mögen Sie eigentlich Ihre Arbeit?

Die persönliche Haltung und die eigene Einstellung zur Arbeit spielen eine entscheidende Rolle im Hinblick auf einen respektvollen Umgang mit dem Kunden.

PRAXISBEISPIEL REKLAMATION

Stellen Sie sich bitte folgende Situation vor. Sie haben in einem Kaufhaus einen Fehlkauf getätigt und wollen diesen nun zurückgeben und Ihr Geld wiederbekommen. Sie kennen die Umtauschbedingungen noch nicht und wissen auch nicht, ob Sie ihr Geld wieder zurückbekommen werden oder ob es lediglich einen Gutschein über den Geldbetrag geben wird. Sie möchten gerne das Geld zurückhaben und die Situation ist Ihnen unangenehm. Sie kommen nun also in das Kaufhaus und sehen mehrere Verkäuferinnen im Verkaufsraum. Irgendwann werden Sie sich intuitiv für eine Verkäuferin entscheiden, die Sie ansprechen werden. Für wen entscheiden Sie sich? Und nach welchen Kriterien wählen Sie sie aus?

Es ist spürbar und auch ganz konkret zu beobachten, ob ein Mensch seine Aufgabe gerne erledigt bzw. ob sein Beruf ihn erfüllt. Wer Spaß an seiner Tätigkeit hat und darin Befriedigung findet, verfügt wie von selbst über eine positive Ausstrahlung und bringt dies, meistens unbewusst, über den Körper und die Art und Weise der Kommunikation zum Ausdruck.

Die Verkäuferin in o.g. Beispiel nimmt Sie wahr und beobachtet Sie aufmerksam und zugewandt. Sie begegnet Ihnen nicht mit einer Haltung »Eine Kundin – ich will ihr etwas verkaufen und meine Provision steigern!«, sondern mit der Haltung »Eine Kundin, braucht sie etwas und kann ich ihr in irgendeiner Form behilflich sein?«, und sie nimmt wahr, dass Sie eine Ansprechperson suchen. Sie signalisiert Ihnen bereits über den Blickkontakt, dass Sie bereit dazu ist, angesprochen zu werden und sich um Ihr Anliegen zu kümmern, ohne zu wissen, worum es konkret geht.

Sie geht vielleicht auch direkt auf Sie zu und spricht Sie freundlich an. Und sie findet darüber hinaus verständnisvolle und lösungsorientierte Worte, vor allem da es sich um einen Reklamationsfall handelt. Denn das sind in der Regel sehr brenzlige und schnell eskalierende Situationen, in denen ein respektvoller Umgang mit dem Kunden besonders wichtig ist, um ihn nicht zu verärgern und als Kunde zu verlieren.

Wer seine Arbeit mag oder liebt, wer freundlich zu sich selbst ist, dem wird es gelingen, respektvoll mit Kunden umzugehen und auch in schwierigen Situationen freundlich und wertschätzend zu sein. Dabei geht es nicht um eine devote, unterwürfige Haltung im Sinne von »Der Kunde hat immer recht«, sondern um einen selbstbewussten Respekt, der dem Gegenüber signalisiert: Ich respektiere Dich – bitte respektiere mich ebenso!

Wenn die Verkäuferin sich also nicht nur rein sachlich, sondern auch mit Freude bestmöglich und professionell um das Anliegen des Kunden kümmert, könnte dies der erste Schritt für eine gute und respektvolle Beziehung zum Kunden sein. Daraus kann dann ein tiefes Kundenvertrauen wachsen, das sich mit Cross- und Upselling und Empfehlungsmarketing im wahrsten Sinne des Wortes auszahlen wird. Auch wird die Verkäuferin abends vermutlich zufriedener nach Hause gehen.

WAS IST EIN KUNDE

Ein Kunde ist die wichtigste Person in unserem Unternehmen. Ein Kunde ist nicht auf uns, sondern wir sind auf ihn angewiesen. Ein Kunde bedeutet keine Unterbrechung unserer Arbeit, er ist ihr Sinn. Wir tun einem Kunden keinen Gefallen, ihn zu bedienen, vielmehr er tut uns einen Gefallen dadurch, dass er uns Gelegenheit dazu gibt. Ein Kunde ist kein geeigneter Partner zum Streiten. Niemand hat je einen Streit mit einem Kunden gewonnen. Ein Kunde ist jemand, der uns seine Wünsche bringt. Es ist unsere Aufgabe, sie zu seinem und zu unserem Nutzen zu erfüllen. Ein Kunde ist ein Teil unseres Geschäfts – kein Außenseiter. Ein Kunde ist keine kalte Statistik – er ist ein menschliches Wesen aus Fleisch und Blut, mit Gefühlen und Empfindungen, wie wir selbst sie haben. Ein Kunde verdient die höflichste und aufmerksamste Bedienung, die wir geben können.
Info der Geschäftsleitung des Kaufhofs 1958 an die Mitarbeitenden

6 So gelingt Respekt im Umgang mit Kunden

Wertschätzung und Respekt sind der Schlüssel für Ihren Erfolg im Umgang mit Kunden. Hier sind sieben konkrete Ideen, die sofort in die Praxis umgesetzt werden können.

6.1 Kunden wie Partner behandeln – nicht wie Könige

Wissen Sie, was Kunden *wirklich* wollen? Und hören Sie auch *genau* hin, um zu sein Anliegen zu verstehen? Wertschätzung bedeutet nicht nur, hinzuhören und genau zu verstehen, sondern auch das Anliegen oder die Aufgabenstellung so zu lösen, dass der Kunde zufriedengestellt wird.

Respekt bedeutet, dem Kunden das Leben leichter zu machen, indem Sie die Probleme Ihrer Kunden *einfach* lösen. Verzichten Sie auf technischen Schnickschnack, auf übertriebenes Überengagement und das überschwängliche »Mein Name ist ... was kann ich für Sie tun?«.

Sie brauchen nicht zwingend zum Kunden zu fahren, wenn dieser lieber ein Telefonat führen möchte. In einem anderen Fall wäre es im Hinblick auf Wertschätzung und Respekt vielleicht besser, das Gespräch persönlich zu führen, obwohl es – rein faktisch – per E-Mail wesentlich schneller erledigt gewesen wäre.

Sich gut um Kunden zu kümmern ist Wertschätzung. Das heißt nicht, diesen zu erdrücken, sondern das Anliegen bestens, schnellstens und im Sinne des Kundens zu erledigen. Und nicht vergessen: Der Kunde bestimmt, was schnellstens und bestens für ihn bedeutet. Die meisten Kunden möchten *einfach* einen freundlichen und kompetenten Menschen als Ansprechpartner. Ohne telefonisches Weiterleiten, ohne Warteschleifen – jedoch mit einer guten und schnellstmöglichen Lösung am Ende.

6.2   Seien Sie ein guter Gastgeber

Sie haben einen Kunden zu sich in die Firma eingeladen? Dann sorgen Sie auch dafür, dass es von Beginn an ein angenehmer Aufenthalt für ihn wird – idealerweise mit einem freien Parkplatz vor der Tür oder mit guten Ratschlägen für passende Parkmöglichkeiten, ungefragt und bereits bei der Terminvereinbarung.

Bereiten Sie Ihrem Kunden einen netten Empfang, indem Sie den Termin pünktlich wahrnehmen und ihn nicht unnötig warten lassen. Sollten Sie tatsächlich überraschend aufgehalten worden sein – dann braucht es eine Entschuldigung.

Manchmal sind es Kleinigkeiten, die den Unterschied ausmachen: Wenn Ihnen z.B. jemand eine Visitenkarte überreicht, legen Sie diese nicht achtlos zur Seite. Lesen Sie die Karte zunächst, bedanken Sie sich höflich und legen Sie das Kärtchen sorgfältig zu Ihren Unterlagen.

Auch Kleidung drückt Wertschätzung und Respekt gegenüber dem Kunden aus. Wenn Sie sich angemessen kleiden, signalisieren Sie dem Kunden ganz ohne Worte: Sie sind mir wichtig, ich kleide mich für Sie ansprechend und gepflegt.

> BEISPIEL:
>
> *Zu einer Hochzeit würden Sie niemals Freizeitkleidung oder einen Jogginganzug anziehen, es wäre ein Fauxpas. Mit der angemessenen festlichen Kleidung zollen wir dem besonderen Anlass und dem Brautpaar Respekt.*

Kunden verdienen es, wertgeschätzt und auch ernst genommen zu werden. Dazu gehört eine hochwertige und verständliche Beratung, die auf den Kunden abgestimmt ist, anstelle von pauschalen Inhalten, die die Zeit des Kunden verschwenden. Sie brauchen keine Empfehlungen mit nervigen Werbeformen. Konzentrieren Sie sich auf das, was Sie im Gespräch wirklich wollen. Respektvoll ist, wenn der andere weiß, worum es im Gespräch geht. Dem anderen offen und transparent seine Ziele mitzuteilen und zu vermitteln, was man selbst für relevant erachtet.

Wenn Sie anschließend die Ergebnisse noch übersichtlich und verständlich dokumentieren, können Sie die Vereinbarungen auf eine sachliche Ebene bringen und dadurch sichtbar machen, dass alle Meinungen gleichermaßen respektiert werden.

6.3   Mitarbeiter/innen wie Kunden behandeln!

Respekt und Wertschätzung den Mitarbeitenden gegenüber sollte eine Standardein-
stellung einer jeden Führungskraft sein. Wie sollen Mitarbeiter/innen respektvoll
und wertschätzend mit Kunden umgehen, wenn sie selbst innerhalb des Unternehmens nicht so behandelt werden?

Früher war ein Chef automatisch – aufgrund der Position – eine Respektsperson,
doch ist das wirklich so einfach? Zeitgemäßer ist sicherlich die Haltung, dass sich
auch eine Führungsperson ihren Respekt erst verdienen muss.

Wer sich als Führungskraft Zeit für die Mitarbeiter/innen nimmt und sich für deren
Anliegen, Wünsche und Bedürfnisse wirklich interessiert, hört im Gespräch aktiv hin
und schenkt ihnen die volle Aufmerksamkeit.

> **BEISPIEL**
>
> *Schauen Sie bitte nicht nebenher auf Ihr Smartphone, egal mit wem Sie spre-
> chen. Das signalisiert: »Du bist nicht wichtig«, »Du störst mich« oder »Ich habe
> keine Zeit für Dich«. Es ist und bleibt respektlos, während eines Gespräches
> immer wieder aufs Handy zu schauen oder womöglich nebenher eine kurze
> Nachricht zu tippen. Smartphones gehören nicht auf den Tisch, sondern blei-
> ben ab- oder zumindest auf lautlos gestellt, damit die Aufmerksamkeit voll
> und ganz dem Gegenüber gehört.*

Zufriedene Mitarbeiter/innen sind, genau wie die Kunden, immer die allerbesten Wer-
beträger nach außen. Respekt als Investition in Mitarbeiter/innen ist besser als in jede
teure Marketingstrategie. Denn, was nützt die beste Marketingaktion, die neue Kunden
bringt, wenn diese dann von demotivierten Mitarbeitern wieder vergrault werden?

6.4   Auch Dienstleister sind Kunden

Respekt im Umgang mit Kunden steht für ein freundliches, zuvorkommendes, wohl-
wollendes und höfliches Verhalten, ohne den Anderen bloß zu stellen.

Auch Dienstleister sind Kunden, intern wie extern. Kommunizieren Sie deshalb
immer auf Augenhöhe, egal welche Aufgabe, Funktion oder welchen Status eine Per-

son hat, und leben Sie an jeder Stelle eine wertschätzende und respektvolle Haltung vor. Das wird von den Mitarbeitenden *und* von den Kunden deutlich wahrgenommen, und durch Ihre Vorbildfunktion auch auf andere Situationen übertragen. Ansonsten werden sich die Kunden, Mitarbeiter und Kollegen fragen: Wenn er unsere Dienstleister nicht wertschätzt, wieso sollte er dann mich respektieren? Wie redet er wohl über mich, wenn ich nicht da bin? Was wird mich wohl erwarten, wenn ich einmal einen Fehler begehe?

Seien Sie also großzügig mit Anerkennung, Ihre Dienstleister werden es Ihnen mit Engagement danken. Wenn Sie die Hilfe von Dienstleistern in Anspruch nehmen, dann in der Regel deswegen, weil sie mit ihrer Tätigkeit Sie bzw. Ihr Unternehmen voranbringen. Das ist eine Leistung, die Wertschätzung verdient – mit einer angemessenen Bezahlung, mit einem respektvollen Umgang miteinander und der Wertschätzung für die Art und Weise, wie die Dienstleistung erbracht wird.

Bezahlen Sie Rechnungen nach erbrachter Leistung zeitnah, denn auch dies ist ein Zeichen von Respekt. Bei starker Auslastung, und das ist bei erfolgreichen Dienstleistern eher die Regel, nehmen sie beim nächsten Mal eher Ihre Anfrage an als die von einem Kunden, bei dem sie auf das Geld lange warten müssen.

Kleine unerwartete Gesten der Dankbarkeit als Zeichen der Wertschätzung sind darüber hinaus äußerst wirksam und weder zeitintensiv noch teuer. Vor allem wenn diese persönlich sind. Seien Sie ehrlich, wann haben Sie das letzte Mal eine Karte von Hand geschrieben?

Lassen Sie kleine Geschenke nicht nur den Kunden, die Geld einbringen, zukommen, sondern auch den Dienstleistern, die sogar Geld kosten. Gerade weil Dienstleister nicht so mit Präsenten überhäuft werden, wie es bei Budgetverantwortlichen der Fall ist, bleiben kleine Gesten doppelt in Erinnerung.

6.5   Kunden schätzen ein gutes Betriebsklima

Kunden nehmen das Klima und die Stimmung, die in einem Unternehmen herrscht, sofort wahr, sobald sie dieses betreten. Wenn ein respektvoller Umgang miteinander innerbetrieblich gelebt wird, dann arbeiten die Mitarbeitenden dort auch gerne, was sich unmittelbar auf den Kunden überträgt und bewirkt, dass er sich wohlfühlt und auch gerne wiederkommt.

> **BEISPIEL**
>
> *In der Bäckerei in meinem Stadtteil herrscht immer gute Stimmung. Humor ist ebenso an der Tagesordnung wie ein respektvoller Umgang der Mitarbeiterinnen untereinander. Ich gehe am liebsten dorthin. Nicht nur weil die Brötchen dort am besten schmecken, sondern weil ich mich über den angenehmen und freundlichen Umgang mit den Kunden freue. Und immer wenn ich einmal länger warten muss, vertreibe ich mir die Wartezeit damit, dieses tolle Team in der Art und Weise ihrer beeindruckenden Zusammenarbeit zu beobachten. Ich nehme mir gerne ein Beispiel daran und freue mich, dass ich mich beim Einkaufen als einen Teil dieses Teams fühlen darf.*

Kunden spüren das Betriebsklima sehr deutlich. Wird gelacht oder herrscht eine kritische Ernsthaftigkeit? Sind Fehler oder Kritik erlaubt und werden diese als wertvolle Impulse für Optimierung angesehen? Wie gestalten sich die zwischenmenschlichen Beziehungen im Unternehmen? Wertschätzung und Respekt übertragen sich von innen nach außen und damit auf den Kundenkontakt.

Dazu braucht es natürlich auch gute Rahmenbedingungen. Klären Sie regelmäßig, wo Abläufe als störend empfunden werden und Sie daran hindern, Freundlichkeit zu leben. Erst wenn Mitarbeiter/innen frei sind von Gefühlen wie Stress und Unmut, können sie auch freundlich und wohlwollend sein. Schaffen Sie deshalb Rahmenbedingungen, die es Ihnen ermöglichen, das Beste für die Kunden zu geben.

6.6   Bewusstsein im Unternehmen schaffen

Respekt im Umgang mit Kunden darf nicht nur auf dem Papier die Philosophie eines Unternehmens sein. Stattdessen muss sie sich in den unternehmensinternen Prozessen, aber vor allem auch in der **Einstellung jedes einzelnen Mitarbeiters widerspiegeln.**

In Teamsitzungen können Fragen diskutiert werden wie z. B.:

- Was heißt für uns Kundenfreundlichkeit?
- Woran erkennen unsere Kunden, dass wir respektvoll miteinander und im Umgang mit dem Kunden sind?
- Wie stehen Wertschätzung und kundenfreundliches Verhalten für uns im Zusammenhang?
- Wie können wir respektvoll mit schwierigen Kunden und Situationen umgehen?

Im Anschluss können daraus Standards und Verhaltensempfehlungen für den Kontakt mit Kunden festgelegt werden, sei es am Telefon, per E-Mail oder im persönlichen Gespräch.

> **BEISPIEL FÜR EINE VERHALTENSEMPFEHLUNG:**
>
> *Wer mit einem Kunden respektvoll kommunizieren will, muss dafür Zeit investieren. Fragen stellen, zuhören, Feedback geben, den Kunden verstehen wollen – das braucht seine Zeit. Umso wichtiger ist das Wissen der Mitarbeitenden, dass die Führungskraft damit einverstanden ist und dass sie sich diese Zeit auch nehmen dürfen.*

Wenn Mitarbeiter/innen Freiräume eingeräumt bekommen, die es ihnen ermöglichen, auf die individuelle Situation der Kunden einzugehen, wird sich das auf den respektvollen Umgang mit den Kunden auswirken.

6.7   Zum Thema Respekt im Dialog bleiben

Trainings zum Thema Kundenfreundlichkeit und Respekt sind für *alle* Mitarbeitenden empfehlenswert, denn der Kunde nimmt das Unternehmen als Ganzes wahr. Wenn die Telefonistin freundlich ist, der Kundenberater hingegen nicht, ist der Kunde irritiert.

Nutzen Sie zusätzlich Möglichkeiten der Reflexion. Im Seminar und auch im Kreis der Kolleginnen und Kollegen. Jeder Mensch braucht Feedback, wie er auf andere wirkt und ob sein Auftreten stimmig ist.

Im Sinne der Nachhaltigkeit sollte der Dialog zum Thema regelmäßig stattfinden und kultiviert werden. Entscheidend ist hier allerdings, das erhaltene Feedback auch tatsächlich zu **berücksichtigen und entsprechende Konsequenzen daraus zu ziehen.**

ZUM ABSCHLUSS

Respekt im Umgang mit Kunden

Respekt ist kein Kampf zwischen Mitarbeiter/innen und Kunden, sondern ein Dialog, bei dem alle Beteiligten gewinnen können. Der berufliche Alltag wird nicht nur entspannter und konfliktärmer – wir haben auch mehr Freude bei der Arbeit und können messbare Erfolge verzeichnen.

Respekt schützt Sie zwar nicht gänzlich vor unangenehmen Situationen, doch gerade da zeigt es sich, wie ernst es Ihnen mit dem Thema ist. Letztendlich ist Wertschätzung keine Strategie, sondern eine Überzeugung, die echt sein muss und die tagtäglich immer wieder neu gelebt werden will.

Teil IV: Führen mit Respekt

> *»Habe stets Respekt vor dir selbst, Respekt vor anderen*
> *und übernimm Verantwortung für deine Taten.«*
> Dalai Lama

Als Führungskraft werden Sie mit dem Thema »Respekt« in besonderer Weise konfrontiert. Denn in der Fähigkeit, Respekt aufzubauen und zu erhalten, liegt eine der wichtigsten Managementkompetenzen überhaupt. Respekt ist die Basis von Führung: Jeder, der eine Führungsposition wahrnimmt, wünscht sich den Respekt der Mitarbeiter und Mitarbeiterinnen – und umgekehrt wollen auch die Mitarbeiter von ihrer Führungskraft respektiert werden.

Wie schon zu Beginn erwähnt, gehört einer in Deutschland durchgeführten Studie zufolge eine Führungskraft, die ihre Mitarbeiter/innen mit Respekt begegnet, ganz oben auf deren Wunschliste an einen idealen Arbeitsplatz. Das Verlangen nach einem respektvollen Vorgesetzten wird einzig von dem Wunsch übertroffen, einer möglichst interessanten Arbeit nachgehen zu können – und rangiert deutlich vor Faktoren wie »Bezahlung«, »Arbeitsplatzsicherheit«, »Aufstiegsmöglichkeiten« oder »Freizeit«.

Doch nach derselben Studie sind respektvolle Führungskräfte rar: In einer zweiten Umfrage sollten Mitarbeiter/innen ihre *reale* Arbeitsplatzsituation beurteilen – und da zeigte es sich, dass Führungskräfte ihre Wertschätzung eher selten ausdrücken.[10]

Eine Führungskraft, die ihre Mitarbeiter und Mitarbeiterinnen respektiert, kann besser motivieren und wird im Endeffekt mehr Erfolg haben als jemand, der es an Respekt fehlen lässt. Der Thinktank *Level Playing Field Institute* in San Francisco beziffert den wirtschaftlichen Schaden, den qualifizierte Arbeitskräfte verursachen, weil sie kündigen und als Kündigungsgrund »Unfairness« angeben, allein in den USA auf 64 Milliarden Dollar.[11]

---

10 Niels van Quaquebeke, Sebastian Zenker & Tilman Eckloff: »Who cares? The importance of interpersonal respect in employees' work values and organizational practices.« In: HAFOS, Hamburger Forschungsberichte zur Sozialpsychologie, Fachbereich Psychologie, Arbeitsbereich Sozialpsychologie. 2006, Nr. 71.

11 Bernhard Bauhofer: Respekt. Wie man kriegt, was für kein Geld der Welt zu haben ist, S. 111.

So hohe Kosten entstehen, wenn Unternehmen das Thema »Respekt« ignorieren.

Was können Führungskräfte im beruflichen Alltag ganz konkret tun, damit sie von ihren Mitarbeiter/innen respektiert werden? Und umgekehrt: Wie kann es Führungskräften gelingen, die Mitarbeiter/innen aufrichtig wertzuschätzen, selbst wenn sie sich an manchen Tagen damit vielleicht schwertun? Nicht zuletzt: Wie können Unternehmen respektvolles Verhalten von Mitarbeitern ganz generell fördern?

Im Folgenden geht es um die Grundelemente einer respektvollen Führungskultur.

Dieser letzte Teil vertieft die Gedanken der beiden vorangegangenen und berücksichtigt dabei insbesondere die Anforderungen, die Respekt für eine tragfähige Unternehmensführung spielt.

Als Erstes beschäftigt uns die Frage, wie es bei Führungskräften mit dem Respekt vor sich selber aussehen muss, um zu einer bestmöglichen Selbst-Führung zu gelangen. Danach wird untersucht, was das in Hinsicht auf die ihnen anvertrauten Mitarbeiter heißt – was es ganz konkret bedeutet, anvertraute Mitarbeiter mit Respekt zu führen. Zum Schluss gehen wir der Frage nach, wie das *Unternehmen als Ganzes* sich ausrichten muss, um die Leitidee wechselseitigen Respekts jeden Tag aufs Neue lebendig zu halten.

7 Sich selbst mit Respekt führen

»Es ist eine Lebensaufgabe, sich selbst kennenzulernen.« Erinnern Sie sich an dieses Zitat von Oscar Wilde aus dem ersten Teil des Buches, als es um den *Respekt vor sich selber* ging?

Wenn Sie ein Unternehmen, eine Abteilung oder ein Team zu führen haben, dann gilt Oscar Wildes augenzwinkernde Erkenntnis für Sie ganz besonders. Denn andere mit Respekt führen zu können, bedeutet zuallererst, Klarheit über sich selbst zu besitzen.

Zu wissen, wo die eigenen Prioritäten liegen, ist ein erster Schritt zu diesem Ziel. Was wir im ersten Teil des Buches ausgeführt haben, gilt für Führungskräfte in gesteigertem Maßstab: Wenn Ihnen Ihre Wertvorstellungen bewusst sind und wenn Sie wissen, wofür Sie und Ihr Unternehmen stehen, aber auch, wofür nicht, dann besitzen Sie einen sicheren inneren Maßstab. Den brauchen Sie, damit Ihre Urteile Kraft haben und Ihr Auftreten überzeugt. Und Ihre Versprechen sind bindend – auch diejenigen, die Sie sich selbst geben.

Selbsteinsichten eines Managers

Der Geschäftsführer eines großen Unternehmens suchte mich einmal auf – nennen wir ihn Herrn Schneider –, weil er eine Moderatorin für einen Teamtag brauchte. Er stand bei seinen Abteilungsleitern wegen seines Führungsstils stark in Kritik und wollte seinen Führungskräften die Möglichkeit zu Aussprache und Klärung bieten. Er hatte vor, die Art und Weise seiner Mitarbeiterführung in Form einer Präsentation offenzulegen und sagte zu mir: »Ach, Frau Lienhart, stellen Sie mir einfach etwas zusammen!«

Ich wunderte mich – denn er hatte natürlich eine Assistenz, die dergleichen für ihn hätte erledigen können. Ich fragte ihn: »Was genau soll ich Ihnen denn vorbereiten, Herr Schneider?«

»Ach Gott, stellen Sie mir halt irgendwas zusammen!«, antwortete er. »Da gibt's doch genügend Fachliteratur dazu. Sie kennen sich doch aus.«

»Herr Schneider«, sagte ich daraufhin. »Wenn Sie über Ihre Art der Mitarbeiterführung sprechen wollen, dann sollten Sie natürlich Ihre eigenen Überzeugungen und Erfahrungen vortragen. Sie wollen doch die Brücke zu den Abteilungsleitern schlagen.«

»Gewiss, gewiss, aber dafür habe ich leider keine Zeit. Schon morgen fliege ich nach Bangkok und Anfang nächster Woche treffe ich mich mit einer Landtagsdelegation, um Fördergelder für unser Unternehmen durchzusetzen. Das sind wichtige Termine, von denen viel abhängt.«

Schließlich konnte ich Herrn Schneider aber doch überzeugen, einen Wochenendtag für die Vorbereitung seines Vortrags abzuzweigen. Wir trafen uns in Oberfranken und sprachen einen ganzen Samstag lang nur über seine Art und Weise der Mitarbeiterführung.

Ich interviewte ihn und stellte ihm Fragen wie beispielsweise: »Wo haben Sie das erste Mal in Ihrem Leben eine gute Führungskraft erlebt? An wen erinnern Sie sich noch besonders gerne? Was ist Ihnen wichtig beim Umgang mit Ihren Mitarbeitern? Was geht auf gar keinen Fall? Welche Erwartungen/Wünsche/Befürchtungen haben Sie bei Ihren Führungsaufgaben? Was sind Ihre besonderen Stärken im Hinblick auf Ihren eigenen Führungsstil? Wo haben Sie Schwächen?« Und so weiter. Das Gespräch ging sehr in die Tiefe und war so ausgesprochen fruchtbar. Während er erzählte, schrieb ich seine Gedanken als Stichpunkte auf Karten mit. Diese legte ich am Ende auf den Tisch; wir sortierten sie gemeinsam und ordneten sie Schlüsselbegriffen zu. Damit stand bereits der rote Faden für Herrn Schneiders Vortrag aus lauter eigenen Gedanken ...

Schließlich bat ich Herrn Schneider, aus einem großen Stapel von Postkarten ein Bild auszuwählen, das seinem eigenen Führungsverständnis am ehesten entspräche. Er sah die Postkarten zunächst mit schiefem Kopf an mit dem Einwand: »Hach, Bilderzeug! Was soll das bringen?«, nahm dann doch eine Karte: eine Karte, auf der ein Heftpflaster abgebildet war. Ich war sehr gespannt auf seine Assoziation. Er hat das Bild eine Weile auf sich wirken lassen und mir dann erklärt: »Wissen Sie, ich verstehe mich zurzeit ein bisschen wie ein Sanitäter, der in der Firma die Notversorgung macht und Interesse daran hat, die Wunden, die es gibt, zu heilen. Mit Sicherheit bleibt gerade sehr vieles liegen, was dringend erledigt werden müsste, ich weiß. Aber wenn's brennt, bin ich zur Stelle. Dann können sich meine Mitarbeiter auf mich verlassen, soviel steht fest!«

*Dieses Bild von sich selbst baute Herr Schneider bei dem geplanten Teamtag dann schlussendlich in seine Präsentation ein – dass er sich als Notarzt verstehen würde, und warum … Die Rückmeldung vonseiten seiner Führungskräfte war sehr positiv, sie sagten wörtlich: »**Respekt,** Herr Schneider, dass Sie sich so offen mit all ihren Stärken und Schwächen vor uns gezeigt haben!«*

Eigentlich kann es ganz einfach sein, sich selbst auf die Spur zu kommen und sich nicht hinter der formalen Führungsrolle zu verschanzen. Wie sonst sollen sich Führungskräfte in ihre Mitarbeiter/innen einfühlen und ihr Unternehmen auf der Basis von Respekt und Achtung führen, wenn sie schon an der ehrlichen Selbsteinschätzung scheitern?

Wer Respekt von seinen Mitarbeiter/innen erfahren möchte, tut gut daran, sich über seine eigenen Haltungen und Überzeugungen im Klaren zu sein. Diese sind Orientierungspunkte unseres Handelns, dienen als Richtschnur, treiben uns an und beeinflussen die Wahl unserer Mittel. Vor allem: Sie prägen unsere sinnstiftenden Ziele und sorgen für die Intensität, mit der wir etwas tun.

> **SELBSTBEFRAGUNG: RESPEKT IN IHREM PERSÖNLICHEN WERTESYSTEM**
> - Welche Rolle spielt »Respekt« in Ihrem persönlichen Wertesystem?
> - Nach welchen Prinzipien richten Sie sich aus? Was hat Sie geprägt? Welche Werte sind für Sie selbstverständlich – und warum?
> - Welches Führungsverständnis haben Sie? Welche Ihrer Leitlinien sind unverrückbar?
> - Wie steht es mit dem Respekt vor Ihnen selbst? Was macht Sie einzigartig? Wofür sind Sie dankbar? Worauf sind Sie stolz?
> - Was können Sie bei sich selbst nur schwer bzw. gar nicht respektieren? Was möchten Sie am liebsten verstecken – sogar vor sich selbst?

Das ist Ihre Selbsteinschätzung. Prüfen Sie aber auch, wie Sie *wirken* – die Einschätzung, die Sie durch andere erfahren, gibt Ihnen wiederum Aufschluss auf sich selbst.

Rufen Sie bei anderen ein Gefühl des Respekts hervor? Beantworten Sie die folgenden Fragen zunächst einmal selbst und bitten Sie dann Ihre Mitarbeiter/innen ebenfalls um ihre Einschätzung.

Werden Sie als Führungskraft respektiert?
(Kreuzen Sie an: (a) stimmt (b) stimmt teilweise (c) stimmt nicht)

	a	b	c
Er ist ein ehrlicher Mensch.			
Er tut, was er sagt.			
Seine Werte sind klar.			
Er tritt engagiert und mutig für seine Überzeugungen ein.			
Die Mitarbeiter/innen liegen ihm sehr am Herzen.			
Er sucht nach Lösungen, bei denen möglichst alle Beteiligten Gewinner sind.			
Er sorgt dafür, dass ich meine Talente einbringen kann.			
Er nimmt mich ernst.			
Er ist zuverlässig.			
Er sagt, was er meint.			
Wenn ich Fehler mache, stellt er sich nach außen hin vor mich.			
Meine Erfolge bleiben uneingeschränkt meine Erfolge.			

Die perfekte Führungskraft gibt es nicht

»Respekt wird nicht verliehen, man verdient ihn sich«, sagt der Volksmund. Und erzwingen lässt er sich schon gar nicht! Wer versucht, Respekt lediglich aufgrund der Führungsposition zu beziehen, die er oder sie einnimmt, wird scheitern. Die Menschen spüren schnell, ob jemand wirklich über ureigene innere Stärke verfügt und diese bewusst einsetzt – oder eben nicht. Wer respektiert wird und wer nicht, entscheidet eine Person nicht selbst, sondern die Menschen, die ihnen gegenübertreten.

HABEN SIE VORBILDER?

Überlegen Sie: Sicherlich gibt es auch für Sie einen Menschen, vor dem Sie den größten Respekt empfinden. Was genau löst Ihren Respekt aus? Ist es die Person selbst? Sind es besondere (Lebens-)Leistungen? Ist es eine bestimmte Art und Weise, sich mitzuteilen, zu kommunizieren? Ist es eine besondere Aus-

strahlung dieser Person? Ist es ihre Autorität? Ihre Authentizität? Muss man
dieser Person persönlich begegnet sein, um Respekt vor ihr zu empfinden?
Oder reicht es schon, ihren Namen zu hören und von ihrem Tun und Handeln zu
erfahren?

Wie eine perfekte Führungskraft aussieht, wird ja in vielen Büchern detailliert beschrieben: Sie ist überzeugend, brillant, humorvoll, selbstsicher, aufmerksam, authentisch, sachkundig und bestinformiert, sie erzielt hervorragende Ergebnisse mit dem Team, wird von allen geliebt … Kurz: ein Übermensch!

Die Sache ist nur: Diese perfekte Führungskraft gibt es nicht und wird es niemals geben! Wir alle sind Menschen, voller Fehler und Unzulänglichkeiten. Und gerade heute werden von einer erfolgreichen Führungskraft auch Eigenschaften verlangt, die auf den ersten Blick wie Schwächen aussehen könnten … Zum Beispiel die souveräne Fähigkeit, sich selber gelegentlich infrage zu stellen. Oder die Bereitschaft, vor Mitarbeitern manchmal auch eigene Unsicherheiten zuzugeben. Oder der Wille, sich immer wieder weiterzuentwickeln – und auch zu wissen, wo man Hilfe bekommen kann – durchaus in dem Bewusstsein, nicht auf jedem Gebiet Experte sein zu können.

Führungskräfte, die sich selbst respektieren, sind – wie alle anderen Menschen – individuell sehr verschieden und nicht über einen einzigen Leisten zu schlagen. Sie erwecken den Respekt ihrer Umgebung aus unterschiedlichsten Gründen. Was macht eine Person zur Respektperson – unabhängig von ihrem Temperament, ihrem Charakter, ihrer Bildung oder sozialen Herkunft?

DIE BESTE METHODE: BEOBACHTUNGEN!

Denken Sie noch einmal an einen Menschen, vor dem Sie selbst höchsten
Respekt empfinden und den Sie als Vorbild anerkennen: Was genau gefällt
Ihnen an dieser Person? Wie respektvoll führt sich diese Person selbst? Gibt es
Parallelen zu Ihnen selbst? Beobachten Sie sich: Vielleicht gibt es bestimmte
Haltungen oder bestimmte Wesenszüge, die Ihnen vertraut sind? Oder ein
bestimmtes Handeln? Überprüfen Sie sich: Was davon passt am besten zu
Ihnen selbst, was davon finden Sie schon bei sich selber vor – und wie wollen
Sie sich darüber hinaus noch entwickeln, um authentisch zu sein? »Von den
Besten lernen« – was bedeutet diese Formel konkret für Ihren Wunsch im Hin-
blick auf das Thema »Respekt«?

Respektspersonen dürfen für andere durchaus unbequem sein. Doch stets verfügen sie über klare innere Positionen; sie sind eindeutig in ihrem Verhalten und Wesen, glaubwürdig und echt. Es gibt keinen Unterschied zwischen ihrem Denken, Sprechen und Handeln. Insofern gibt es doch eine Gemeinsamkeit zwischen Personen, die den Respekt ihrer Mitmenschen genießen: Es ist die Art Ihres Handelns.

Mit dem Namen ›Nelson Mandela‹ beispielsweise verbindet sich vieles, was in der ganzen Welt den Respekt der Menschen hervorruft, denn Mandela hat einen langen Zeitraum der Ungewissheit und Instabilität innerlich unerschüttert überstanden, hat Schicksalsschläge genutzt, um sich weiterzuentwickeln, ist seinen Idealen treu geblieben, mutig und risikobereit …

All das sind Fähigkeiten, die starke Führungskräfte auszeichnen: Menschen, die bereit sind, auch einmal etwas zu riskieren – die ihre Ecken und Kanten haben mögen, aber unbeirrt ihren Weg gehen, selbst im Wissen um die Möglichkeit zu scheitern. Solche Menschen zeigen uns, was prinzipiell möglich ist, und sind deswegen für viele ein Vorbild.

Klarheit über sich selbst – das wird niemandem in die Wiege gelegt. Sehen Sie diese Aufgabe als ein *work in progress* an – geben Sie sich Raum dafür, Ihre Antworten in Ruhe zu entwickeln und zu vervollkommnen. Haben Sie dabei Geduld mit sich selbst und lassen Sie sich durch eventuelle Rückschläge nicht entmutigen! Denn wenn es nach Oscar Wilde eine lebenslängliche Aufgabe ist, sich selbst kennenzulernen – dann ist es erst recht eine Lebensaufgabe, sich selber mit Respekt zu führen.

8 Möglichkeiten, um andere respektvoll zu führen

> *»Nichts ist jämmerlicher als Respekt, der auf Angst basiert«*
> Albert Camus

8.1 Integrität

Integrität und Respekt sind unmittelbar miteinander verknüpft. Das merken wir immer dann besonders gut, wenn die Integrität einer Person des öffentlichen Lebens ins Zwielicht geraten ist: Ab dem Moment fällt es schwer, ihr weiterhin Respekt zu zollen. Und die Zeitungskommentare sprechen dann eine deutliche Sprache.

»Wahrhaftigkeit« bezeichneten 60 Prozent der Befragten in einer Studie der Akademie für Führungskräfte der Wirtschaft als wichtigste Eigenschaft von Vorgesetzten. Authentizität steht auf dem ersten Platz der Prioritätenliste – weit vor Fähigkeiten wie »Fachkompetenz«, »Durchsetzungsfähigkeit« oder »Autorität«, die sich gewöhnlich mit dem Bild eines Managers verbinden. »Nur authentische Führung ist erfolgreiche Führung«, resümieren die Autoren der Studie. »Die Führungskraft ist nicht nur als Manager, sondern vor allem als Mensch gefordert.«[12] Die Wirklichkeit bleibt hinter diesem Ideal leider deutlich zurück …

Integrität ist mehr als Ehrlichkeit. Integer sein bedeutet, keinen Unterschied zu machen zwischen dem, was wir meinen, und dem, was wir sagen – und wie wir handeln!

Dass ein Mensch nicht integer ist, der betrügt, manipuliert, heuchelt oder Unwahrheiten verbreitet, liegt auf der Hand. Doch wie sieht es mit der Praxis im beruflichen Alltag aus?

---

12 Studie der Akademie für Führungskräfte der Wirtschaft: »Führen in der Krise – Führung in der Krise? Führungsalltag in deutschen Unternehmen.«, S. 23.

SCHLUSS MIT ALL DEN KLEINEN LÜGEN!

Wie schnell sind wir bereit, uns zum Beispiel am Telefon verleugnen zu lassen?
»Tut mir leid, Frau Müller ist gerade in einer Besprechung«, hört der Anru-
fer – und dabei ist die Frau Müller durchaus am Platz, sie hat lediglich ihrem
Assistenten soeben ein Zeichen gegeben, dass sie gerade nicht zu telefonieren
wünscht. Oder beugen wir die Wahrheit nicht gelegentlich ein wenig – viel-
leicht nur, indem wir etwas nicht sagen oder ein Wort suggestiv betonen? Wie
oft machen wir von solche kleinen »Hilfsmitteln« Gebrauch?

Es gibt viele Situationen, bei denen wir uns zwischen unseren inneren Werten und Überzeugungen und den Anforderungen der Außenwelt bewegen müssen – ein echter Rollenspagat! Ihn zu meistern und sich »richtig« zu entscheiden, ist immer wieder eine neue Herausforderung. Doch unterschätzen Sie Ihre Mitarbeiter/innen nicht: Meist kennen sie ihre Vorgesetzten besser, als es diesen bewusst ist; sie wissen genau einzuschätzen, was sich hinter den häufigen »Besprechungen« von Frau Müller eigentlich verbirgt. Schlimmer noch: Sie nehmen sich ihre Führungskräfte zum Vorbild und verhalten sich ebenso ... Letztlich beeinträchtigt jede kleine Unwahrheit unsere Energie und unsere Integrität.

Kennen Sie die herrliche Filmkomödie »Liar, Liar« (Im Deutschen heißt sie »Der Dummschwätzer«.)? Darin spielt Jim Carrey einen Rechtsanwalt, der 24 Stunden lang gezwungen ist, nur die Wahrheit zu sagen. Nichts als die Wahrheit – eine echte Herausforderung!

Im Führungsalltag geht es natürlich nicht darum, zu jeder Zeit allen möglichen Menschen alles lupenrein mitzuteilen, das wäre unprofessionell und in vielen Fällen auch fatal. Natürlich entscheiden Sie nach wie vor, *wem Sie was in welcher Form* mitteilen.

Sie machen sich keiner Unwahrhaftigkeit schuldig, sondern bleiben sogar authentisch, wenn Sie beispielsweise mit einzelnen Informationen zurückhaltend sind oder Ihre Antwort nicht sofort geben, sondern zu einem späteren Zeitpunkt.

Zeigen Sie dennoch in der Art und Weise, wie Sie mit der Wahrheit umgehen, Respekt – und zwar gegenüber Ihren Mitarbeitern, gegenüber Ihrem Unternehmen und vergessen Sie auch sich selber nicht! Als Führungskraft sind Sie jeden Tag diesem Dreifach-Spagat ausgesetzt: Sie haben eine Vorbildfunktion gegenüber Ihren Mitar beitern, sind zugleich Ihrem Unternehmen gegenüber zur Loyalität verpflichtet und Sie möchten sich am Ende des Tages auch selber im Spiegel betrachten können.

Gehen Sie deshalb nicht vorschnell darüber hinweg, wenn sich Bedenken im Hinblick auf die Wahrheit melden. Schlafen Sie, wenn es möglich ist, eine Nacht darüber oder holen Sie sich, wenn Sie bedenken haben, Rat bei Menschen Ihres Vertrauens. Testen Sie verschiedene Formulierungen so lange, bis Ihre Argumentation in jeder Hinsicht stimmig und ehrlich ist.

Was Sie sagen, muss dem entsprechen, was Sie meinen, sodass Sie es auch in kritischen Situationen vertreten können. Wer seine Meinung je nach Stimmungslage ändert, wird von seinem Umfeld früher oder später nicht mehr ernst genommen. Respekt lässt sich damit auf keinen Fall gewinnen.

Zu Übungszwecken können Sie einmal Folgendes ausprobieren:

> **ÜBUNG: EINEN TAG LANG NUR DIE WAHRHEIT SAGEN**
>
> *Versuchen Sie, einen Tag lang auf all die kleinen Notlügen und rhetorischen Kniffe zu verzichten, die Ihnen zur lieben Gewohnheit geworden sind, beruflich wie privat. Lassen Sie sich am Telefon durch Ihre Mitarbeiterin nicht verleugnen, sondern sagen Sie stattdessen: »Im Augenblick passt es mir nicht – darf ich Sie später zurückrufen?« Brechen Sie das Gespräch mit ihrem Nachbar im Hausflur nicht ab, indem Sie sagen: »Ich habe da noch etwas auf dem Herd stehen«, sondern sagen Sie wahrheitsgemäß: »Gleich beginnt ein Film im Fernsehen, den ich nicht verpassen möchte.«*
>
> *Wie fühlt es sich an, strikt bei der Wahrheit zu bleiben? Notieren Sie Ihre Erfahrungen und führen Sie das Experiment zwei Wochen später erneut durch!*

8.2   Gutes Benehmen

Gutes Benehmen ist ein Synonym für respektvolles Verhalten. Denn durch Höflichkeit und Anstand können Sie Ihren Mitarbeiter/innen täglich zeigen, dass Sie sie wahrnehmen und achten. Für Führungskräfte sind solche Signale des Respekts ein absolutes Muss: Da sie in ihrer Funktion *immer* Vorbilder sind, geben sie das Beispiel für das Miteinander im gesamten Unternehmen.

Dabei geht es nicht um einen angelernten und polierten Stil, wie er in vielen Etikette-Seminaren trainiert wird. Selbst Moritz Freiherr von Knigge, ein Urenkel des berühmten Benimmlehrers, sagte in einem seiner Vorträge:»Nur weil jemand bestimmte Spielregeln nicht kennt, ist er deshalb noch lange kein schlechter Mensch.« Und er fügte hinzu:»Wenn Sie wissen möchten, ob jemand wirklich gutes Benehmen hat, dann achten Sie einfach darauf, wie er mit dem Servicepersonal umgeht.«

Wie wahr! Servicekräfte, Taxifahrer und andere Dienstleister könnten eine ganze Menge darüber erzählen, wer gute Manieren hat und wer nicht.

Manchmal ist Respekt im Alltag denkbar einfach: Er drückt sich schlicht durch ein Minimum an Manieren und Anstand aus.

Wir alle finden Führungskräfte sympathisch, die uns mit Respekt behandeln und dies durch höfliche Verhaltensformen zeigen – die zum Beispiel »bitte« und »danke« sagen, die im Vorbeigehen grüßen oder die sich entschuldigen, wenn sie zu spät gekommen sind oder wenn sie einen Fehler gemacht haben.

ÜBUNG DER NACHTRÄGLICHE BRIEF

Vielleicht fällt Ihnen gelegentlich ein Mensch ein, demgegenüber Sie einmal nicht richtig gehandelt haben. Sie haben es ihm (oder ihr) gegenüber zum Beispiel an Loyalität fehlen lassen. Sie haben jedoch lange nicht mehr an ihn gedacht. Aber plötzlich kommt er Ihnen in den Sinn und Ihr Gewissen meldet sich. Ist es ein ehemaliger Mitarbeiter, mit dem Sie ins Reine kommen wollen? Oder ein Freund, mit dem Sie sich zerstritten haben und mit dem Sie gern noch ein Gespräch führen würden, um ein paar Dinge richtigzustellen?

Schreiben Sie diesen Menschen einen Brief! Bekennen Sie sich zu Ihren großen oder kleinen Fehlern und Schwächen. Schreiben Sie auf, wo Sie es haben fehlen lassen. Bitten Sie um Entschuldigung, zumindest um Verständnis. Doch versuchen Sie nicht, sich reinzuwaschen. Seien Sie aufrichtig in Ihrem Schreiben und ehrlich.

Ob Sie diesen Brief dann abschicken oder nicht – das ist Ihre Entscheidung. In manchen Fällen reicht es schon aus, wenn Sie ihn lediglich schreiben.

8.3   Unternehmenskultur leben

Führungsleitbilder gibt es zuhauf. In vielen Unternehmen hängen sie gerahmt an den Wänden und sind in Hochglanzbroschüren nachzulesen. Doch die Autoren dieser Leitlinien arbeiten oft gar nicht selbst im Unternehmen. Die guten Vorsätze in den Broschüren und an den Wänden haben Alibifunktionen und werden nicht gelebt.

> ✎ MACHEN SIE DEN TEST
>
> Überprüfen Sie doch einmal die Wirklichkeit in Ihrem Unternehmen!
> 1. Ist Respekt als Wert in Ihren Führungs- und/oder Unternehmensleitlinien verankert?
> 2. Wie wird Respekt in Ihrer Abteilung/in Ihrem Team konkret umgesetzt?
> 3. Für welche konkreten Situationen möchten Sie »Respekt« am Arbeitsplatz als Ziel fördern?
>
> Wenn in Ihrem Unternehmen keine Führungsgrundsätze bzw. -leitlinien formuliert sind, können Sie sich fragen:
> • Wäre es erwünscht, wenn Respekt in den Mittelpunkt von Führungshandeln gestellt werden würde?
> • Erhalten Führungskräfte Anerkennung ›von Oben‹, wenn sie zeigen, dass sie respektvoll führen?
> • Wo und wann wird überhaupt über Respekt in Führung und Zusammenarbeit gesprochen?

Mehr als zwei Drittel der jungen Führungskräfte erleben keine werteorientierte Führung durch das Topmanagement«, schreiben Mathias Bucksteeg und Kai Hattendorf, Vorstandsmitglieder der Bonner *Wertekommission – Initiative wertebewusste Führung*. Die Wertekommission hat bundesweit über 500 Führungskräfte befragt und festgestellt: Die Mehrheit der Manager beklagt eine mangelhafte Umsetzung des in den Unternehmen festgelegten Wertekanons und sehnt sich nach traditionellen Werten wie Vertrauen und Ehrlichkeit.[13]

In einer Studie der Personalberatung *LAB & Company* gaben 21 Prozent der befragten Führungskräfte zu Protokoll, dass sich ihre ethisch-moralischen Maßstäbe im

---

13   Mathias Bucksteeg und Kai Hattendorf: Führungskräftebefragung 2009; eine Studie der Wertekommission – Initiative wertebewusste Führung in Zusammenarbeit mit dem Deutschen Managerverband.

Lauf ihres Lebens verschoben hätten. 47 Prozent beobachteten in ihrem beruflichen Umfeld sogar häufig moralisch verwerfliche Handlungen. Typische Aussagen der Befragten: »Als Barsch unter Haifischen überlebt sich's halt schlecht, also werden viele zum Haifisch« oder »Mit steigendem Einkommen fühle ich meine moralischen Werte schwächer werden« oder »Es besteht oft eine Diskrepanz zwischen den Werten, die das Unternehmen für sich definiert hat, und dem konkreten Handeln auf allen Ebenen, aber besonders im Top-Management, das sich eigentlich vorbildlich verhalten müsste«. Klaus Aden, der Autor der Studie, resümiert: »Wegen des wachsenden Drucks, ständig und kurzfristig Erfolge vermelden zu müssen, glauben Top-Manager zunehmend, ohne Verrat an den eigenen moralischen Maßstäben nicht überleben zu können.«[14]

Die im Berufsalltag erfahrenen Werte haben nachweislich gewichtigen Einfluss auf den Erfolg eines Unternehmens. Eine gemeinsame Forschungsarbeit der Bonner Unternehmensberatung »Deep White« und der Universität St. Gallen kommt zu dem erstaunlichen Ergebnis, dass nicht weniger als *ein Viertel des Geschäftserfolgs* von der gelebten Wertekultur am Arbeitsplatz abhängt![15]

Wenn Ihnen Respekt wichtig ist, darf es nicht bei bloßen Lippenbekenntnissen bleiben.

»Ich würde ja gerne, aber ...«

Dass gut formulierte Führungsgrundsätze im Unternehmen sinnvoll sind – darüber herrscht allgemeine Einigkeit. Wer aber übernimmt konkret Verantwortung für die Umsetzung der propagierten Werte? Wer übernimmt Verantwortung für die gelebte Unternehmenskultur?

Verantwortung wird im Alltag gerne auf andere abgewälzt: Mitarbeiterinnen verweisen auf Kollegen oder auf die Führungskraft (die sich erst einmal ändern soll), Führungskräfte auf die Personalabteilung (die sich des Themas annehmen soll) bzw. auf die Unternehmensleitung (die die Sache angeblich nicht ernsthaft genug verfolgt). Die Unternehmensleitung delegiert die Umsetzung wiederum an die Manager ... Warum also sollten die Führungskräfte bei sich selbst anfangen?

---

14   Klaus Aden: Geld verdirbt den Charakter – oder? 12. LAB Managerpanel, in Zusammenarbeit mit der Wirtschaftswoche.
15   Deep White GmbH/Institute for Media and Communication Management St. Gallen (2004):Grundlagenstudie Wertekultur und Unternehmenserfolg. Bonn.

Ganz einfach deswegen, weil sie dort direkten Zugriff und direkten Einfluss haben. Am Anfang eines jeden Weges steht immer das Ja zur eigenen Verantwortung!

Komplexität verringern heißt in diesem Zusammenhang, im Kleinen anzufangen. Jeder kann in seinem eigenen Arbeitsumfeld mit der praktischen Umsetzung beginnen.

Leben Sie Respekt in Ihrem Führungsalltag. Warten Sie nicht, bis Abläufe und Standards festgelegt und sichergestellt sind. Sprechen Sie mit Ihrer eigenen Führungskraft darüber und mit Kollegen und Mitarbeiterinnen. Fragen Sie sich:

> ✏ RESPEKT IN MEINEM FÜHRUNGSALLTAG
>
> * Welchen Beitrag kann ich heute leisten, um Respekt in meinem Führungsalltag konkret zu leben?
> * Vor welchen Herausforderungen werde ich dabei stehen?
> * Wie wird es sich anfühlen, wenn ich diese bewältigt habe?
> * Was genau motiviert mich heute dazu?

Verlangen Sie am Anfang nicht zu viel, aber auch nicht zu wenig: weder von sich selbst noch von anderen. Entscheiden Sie sich am besten immer nur für *einen* Vorsatz. Nehmen Sie sich zwei bis drei Monate Zeit, um diesen zu interpretieren und in Ihrem Führungsalltag Schritt für Schritt einzubringen. Nehmen Sie konzentriert wahr, was sich dadurch verändert. Verlangen Sie keine Sofort-Ergebnisse, sondern sehen Sie darin einen Prozess, der seine Zeit benötigt, um sich zu entwickeln und auszureifen. Sollte die Wirkung nicht so eintreten, wie Sie es sich am Anfang gewünscht haben, überlegen Sie, was durch Ihre innere Auseinandersetzung (dennoch) Sinnvolles entstanden ist, und haben Sie ggf. den Mut, es auch wieder sein zu lassen. Wenden Sie sich erst dann dem nächsten Vorsatz zu.

8.4   Balance zwischen Stabilität und Instabilität

Mitarbeiter/innen sind ganz anders bei der Sache, wenn sie wissen, *wofür* sie arbeiten, *wohin* das Unternehmen sich ausrichtet. Eine wichtige Führungsaufgabe besteht deshalb darin, Orientierung zu geben. Das heißt konkret: Visionen und Ziele zu nutzen, um den Blick aufs große Ganze zu öffnen, und jedem Einzelnen behutsam den Weg dahin zu weisen.

Das ist gewiss leichter gesagt als getan, wenn von außen hoher Druck auf dem Unternehmen lastet und die Führungskräfte einer intensiven Belastung ausgesetzt sind. Phasen der Instabilität sind in der Regel weder voll durchschaubar noch sind sie im Voraus planbar.

Wer Phasen der Instabilität durchsteht, lebt und entwickelt sich weiter. Ein Unternehmen ist wie ein lebendiger Organismus, der die Balance zwischen stabilen und instabilen Kräften aushalten muss, um sich zu entfalten.

Wenn das Unternehmen in eine bedrängende Situation gerät, dann ist der Bedarf nach Offenheit besonders hoch. Es wird umso eher gelingen, in Krisenzeiten Wesentliches offen zu vermitteln, wenn Sie schon in guten Zeiten auf Transparenz bedacht waren. Wenn Sie Fragen wie: »Wo stehen wir mit unserem Unternehmen? Was sind die Absichten des Managements? Wozu werden Maßnahmen eingeleitet?« nicht erst in Rezessionszeiten ansprechen, dann haben Sie – gerade in schwierigen Zeiten – gute Chancen, noch mehr an Respekt zu gewinnen. Sie können Ihren Mitarbeitern oftmals mehr zumuten, als Sie denken. Aber Sie müssen dabei ehrlich sein.

Halten Sie nicht starr an Zielvorgaben fest. Ziele sollen zwar das Unternehmen voranbringen, sie sollen aber auch den Dialog zwischen Führungskraft und Mitarbeiter/innen fördern und nicht einengen oder unnötigen Druck erzeugen. Ziele können sich immer wieder ändern. Außerdem werden Sie es niemals *allen zugleich* recht machen. Wegweisende Entscheidungen sind manchmal individuelle, manchmal unkonventionelle und manchmal auch unangenehme Entscheidungen.

> **EINE FÜHRUNGSAUFGABE:**
> **DIE BALANCE HERSTELLEN ZWISCHEN STABILITÄT UND INSTABILITÄT**

Stabilität organisieren:
- Für Ziele sorgen;
- Kontrollen durchführen;
- Termine festsetzen.

Instabilität managen:
- Verantwortung übertragen;
- Fehler zulassen;
- neue Wege ausprobieren;
- Ziele abändern.

8.5   Stärken stärken

Laut einer Befragung von weltweit 200.000 Mitarbeitern sind lediglich 20 Prozent der Belegschaft eines Unternehmens so eingesetzt, dass sie jeden Tag das tun, was ihnen Spaß macht.[16]

Eine wesentliche Führungsaufgabe liegt darin, Menschen bei der Entfaltung ihrer Potenziale zu unterstützen. Doch wie gelingt das am besten? Durch Konzentration auf die individuellen *Stärken* … Stärken sind all jene Dinge, die einem leicht fallen und die man immer wieder richtig gut macht. Wo Menschen wertgeschätzt werden in dem, was sie gut können, erfahren sie Bestätigung – und das ist die höchste Form von Motivation. Schon die einfache Selbstbeobachtung beweist, dass wir alle am liebsten mit unseren Stärken wahrgenommen werden möchten. Wenn sich die Führungskraft schwerpunktmäßig mit den »positiven« Seiten ihrer Mitarbeiter befasst, wird sie umso leichter deren Vertrauen gewinnen und sie zu Bestleistungen führen.

Was also können Sie als Führungskraft ganz konkret tun, um durch Orientierung an den Stärken Ihrer Mitarbeiter Bestleistungen zu erzielen?

Verteilen Sie die Aufgaben nicht nach den jeweiligen Rollen und Positionen oder danach, wer gerade Zeit hat. Beweisen Sie Respekt vor den individuellen Kompetenzen und den Stärken jedes Einzelnen und verteilen Sie Aufgaben so, dass die Stärken zum Einsatz kommen und die Schwächen nicht stören.

Machen Sie es sich zur Regel, Ihre Mitarbeiter nicht bei deren Schwächen zu »ertappen«, sondern vorrangig bei dem, was sie besonders gut können. Sie brauchen dafür gute Menschenkenntnis, Lebenserfahrung und Zeit. Dass sich Fehler selbst *dann* nicht völlig vermeiden lassen, ist klar; sie lassen sich aber minimieren, wenn Mitarbeiter dort eingesetzt werden, wo sie sich am besten einbringen können.

Die Schwächen können dennoch wertvoll für das Unternehmen sein:
  a) wenn sie dazu genutzt werden, um persönliche Stolpersteine aus dem Weg zu räumen. Nehmen wir an, ein Mitarbeiter versteht zwar viel von seinem

---

16   Andrea Bittelmeyer: »Gekonnt das Gute erkennen« in ManagerSeminare Nr. 114 – Befragung von Gallup Organization.

Fachgebiet, ist aber nicht gut in der Präsentation. Da kann seine Schwäche ein Hinweis darauf sein, dass er gut daran täte, ein Präsentationsseminar zu besuchen, damit er seine fachlichen Stärken besser rüberbringen kann.

b) wenn Mitarbeiter mit spezifischen Schwächen an der Stelle eingesetzt werden, wo diese Schwächen zu Stärken werden. Ein penibler Mensch könnte beispielsweise die Ablage neu strukturieren oder ein introvertierter Mensch könnte in Einstellungsgesprächen gut die Beobachterposition einnehmen.

Schwächen springen oft geradezu ins Auge – individuelle *Stärken* dagegen muss man häufig aktiv suchen. Ein Einzelner mag vielleicht der Meinung sein, die eigenen Stärken seien nichts Besonderes, und sagen: »Ach das ist doch ganz normal …« Eine Führungskraft erkennt dann umso schwerer, was seinen Mitarbeitenden möglicherweise an guten Fähigkeiten verborgen ist.

Nicht Autorität und Selbstprofilierung machen eine Führungskraft erfolgreich, sondern der *gemeinsame* Erfolg des Teams. Deshalb lautet die richtige Frage im Hinblick auf die Stärken der Mitarbeiter: Wie kann ich *andere stark und erfolgreich machen?*

Das geht nur, wenn Sie Ihre Mitarbeiter und Mitarbeiterinnen gut einzuschätzen wissen und als kompetenter Partner respektieren.

Die Führungskraft als Gärtner

In gewisser Weise ähnelt eine Führungskraft einem Gärtner. Der entscheidet über die Auswahl und den Standort der Pflanzen und sorgt schließlich dafür, dass jede Pflanze sich an ihrem Platz gut entwickeln kann. Sein Augenmerk ist darauf gerichtet, dass der Garten oder der Park, für den er Verantwortung trägt, ein gutes Gesamtbild bietet. Ein Kosmos im Kleinen, um dessen Ordnung er sich kümmern muss.

Er kann die Ordnung nur bewahren, wenn er die verschiedenen Pflanzen genau kennt. Wenn er jede Pflanze mit Respekt behandelt und sie genau in der Art und Weise pflegt, wie sie es braucht.

Der Gärtner weiß: Es gibt Pflanzen, die benötigen viel Wasser – nach denen muss er jeden Tag schauen. Andere kann er lange sich selbst überlassen. Es gibt Pflanzen, die muss er regelmäßig ein bisschen beschneiden, damit sie nicht ins Kraut schießen – andere wiederum mögen es überhaupt nicht, wenn man sie stutzt. Die muss er wachsen lassen. Manche brauchen Sonne, manche Halbschatten. Manche muss er im Winter

gegen die Kälte schützen, andere nicht. Manche blühen im Frühjahr, manche im Spät-
herbst. Daran muss er schon denken, wenn er sie setzt. Er muss die Pflanzen unter-
schiedlich behandeln und pflegen, damit der Garten sich zu jeder Jahreszeit als ein Bild
gestalteter Ordnung darstellt.

Wenn Sie sich nun auf die Suche nach den Stärken Ihrer Mitarbeiter und Mitarbeiterinnen machen wollen, können Sie einfach aus der untenstehenden Liste ein paar
Fragen auswählen …

STÄRKEN/TALENTE/RESSOURCEN MEINER MITARBEITER

- Über welches Thema könnte er sofort, ohne Vorbereitung, eine halbe
  Stunde sprechen?
- Kräfte, Qualitäten, Wissen: Wenn er drei Wünsche freihätte, was würde
  er sich wohl wünschen?
- Wie und wo unterscheidet er sich von anderen?
- Worauf ist er stolz? Was sind seine fünf größten Leistungen/Erfolge,
  seit er im Unternehmen ist?
- Was charakterisiert ihn im beruflichen Alltag? Welche besonderen
  Eigenschaften machen ihn aus?
- In welchen Arbeitssituationen fallen seine besonderen Eigenschaften
  auf bzw. wird er besonders häufig nachgefragt?
- Was beschäftigt sie/ihn?
- Was macht ihn aus? Was kann er besonders gut? Worin ist er stark?
- Was ist sein Beitrag zum guten Gelingen im Projekt/in der Abteilung/
  im Team?

Sie können nicht alles beantworten? Fragen Sie doch bei Gelegenheit Ihre Mitarbeiter und Mitarbeiterinnen!

Wenn Sie Stärkenorientierung als Antriebskraft nutzen wollen, hat dies Auswirkun-
gen auf die Personalauswahl- und -entwicklung, auf Führung, Selbstmanagement,
Organisationsentwicklung und auf die Beförderung.

Stärkenorientierung im Mitarbeitergespräch

Das klassische Mitarbeitergespräch vereint im Blick zurück die Einschätzung über
die geleistete Arbeit und die Zusammenarbeit (gegebenenfalls mithilfe eines Beur-
teilungsverfahrens) und mit dem Blick nach vorne künftige Arbeitsschwerpunkte,

Leistungserwartungen und Ziele (häufig auch im Rahmen von Zielvereinbarungen). Das ist wichtig und sinnvoll.

Der Managementberater Bernhard Lutz hat einen Leitfaden für Führungskräfte entwickelt, der den Aspekt der Stärkenorientierung integriert:

»DAS ETWAS ANDERE MITARBEITERGESPRÄCH«

Blick zurück:

- Was ist dem Mitarbeiter gut gelungen?
- Was ist ihm leicht gefallen?
- Eventuell: Welche Defizite haben als Bremse gewirkt?
- Was hat er aus eigenem Antrieb in Angriff genommen?
- Wo hätten sich vorgenannte Beobachtungen noch stärker zeigen können, wenn nicht organisatorische, technische, kommunikative oder andere Rahmenbedingungen im Weg gestanden hätten?
- Welches Feedback habe ich von seinem personellen Umfeld?
- Welche Vermutungen habe ich als Führungskraft, was dem Mitarbeiter selbst wichtig ist?

Blick nach vorne:

- Bei welchen Aufgabenschwerpunkten kann der Mitarbeiter das Gelungene und das Leichtgefallene möglichst häufig anwenden?
- Welche neuen Herausforderungen traue ich ihm zu?
- Welche Rahmenbedingungen müssen in diesem Zusammenhang stabilisiert und welche neu gestaltet werden?
- Welche Personen können ihn wie dabei unterstützen?
- Welche Ideen, Erwartungen und konkrete Vorstellungen hat der Mitarbeiter dazu?
- Woran können ich und der Mitarbeiter erkennen, dass wir auf dem »richtigen« Entwicklungsweg sind?

Vereinbarungen:

- Was bleibt wie bisher?
- Was kommt neu hinzu?
- Welche Personalentwicklungsmaßnahmen werden in Angriff genommen, um a) Stärken zu entwickeln und b) Defizite zu neutralisieren?
- Welche Erfolgskriterien gelten?
- Wie werden eventuelle Stolpersteine gemanagt?
- Welche unterjährigen Statusgespräche finden statt?

Probieren Sie einfach einmal aus, inwieweit sich Ihre Mitarbeitergespräche verändern, wenn Sie die Stärken noch mehr in den Fokus nehmen.

8.6   Vertrauen ist gut – oder ist Kontrolle besser?

Vertrauen ist unabdingbar, wenn es darum geht, die Mitarbeiter mit Respekt zu führen.

Denn Zutrauen fördert Selbstvertrauen. Ein aufmunterndes »Ich denke, Sie schaffen das!« beflügelt den Ehrgeiz. Die Mitarbeiter *wollen* sich ja beweisen, wollen zeigen, was in ihnen steckt. Kaum etwas anderes wirkt so motivierend wie eine Führungskraft, die ihren Respekt vor tüchtigen Mitarbeiter dadurch bekundet, dass sie ihnen auch etwas *zutraut*.

Wie der Respekt ist das Vertrauen ein elementarer Grundsatz für erfolgreiches Führungshandeln. Und genau wie Respekt ist Vertrauen eine häufig unterschätzte *wirtschaftliche* Ressource.

Der Soziologe Niklas Luhmann definiert »Vertrauen« als »Mechanismus zur Reduktion sozialer Komplexität«[17]. Das heißt: Wenn ich einem anderen Menschen vertraue, muss ich sozusagen in »Vorleistung« gehen; denn schon aus Zeitgründen werde ich gar nicht in der Lage sein, sämtliche Informationen, die ich über mein Gegenüber besitze, für jede Situation rational auszuwerten – ganz zu schweigen davon, dass mir solche Informationen oft völlig fehlen.

Und das bedeutet auch, dass wo Vertrauen fehlt, man sich in Vorschriften, Regelungen und Kontrollen verfängt. Das kostet Zeit und Geld.

Auch der amerikanische Unternehmer und Management-Lehrer Stephen M. R. Covey beschreibt in seinem Bestseller *Schnelligkeit durch Vertrauen*, wie sich Vertrauen – in jeder Art von Beziehung – immer auf die Schnelligkeit und damit auf die Kosten auswirkt.

---

17   Niklas Luhmann: Vertrauen. Ein Mechanismus der Reduktion sozialer Komplexität. UTB, Stuttgart 2000.

Respektvolle Führung durch Vertrauen bewegt sich zwischen den Begriffen »*angemessenem* Vertrauen« und »*blindem* Vertrauen«. Hier das rechte Maß zu finden, ist für Führungskräfte eine Gratwanderung. Wo der Eindruck von vertrauensseliger Schwäche aufkommt, wird dies von Mitarbeitern schnell ausgenutzt. Andererseits wirkt auch ein Übermaß an Kontrolle lähmend. Verteilung von Verantwortlichkeiten statt Zuständigkeiten.

Der Managementberater Fredmund Malik rät: »Vertraue jedem, soweit du nur kannst – und gehe dabei sehr weit, bis an die Grenze.« Er rät aber auch sicherzustellen, dass man dahinterkommt, wenn Vertrauen missbraucht wird, und schreibt:

> »STELLE SICHER, DASS ...
>
> - *du jederzeit erfahren wirst, ab wann dein Vertrauen missbraucht wird,*
> - *deine Mitarbeiter und Kollegen wissen, dass du es erfahren wirst,*
> - *jeder Vertrauensmissbrauch gravierende und unausweichliche Folgen hat,*
> - *deine Mitarbeiter auch das unmissverständlich zur Kenntnis nehmen.«*[18]

Wenn Führungskräfte die Kompetenzen ihrer Mitarbeiter (an-)erkennen und Aufgaben delegieren können, dann ist das nicht nur wirtschaftlich und effektiv, sondern auch wohltuend, nicht zuletzt für sie selbst. Denn dann gewinnen Sie Klarheit sowie Zeit und Kraft für neue Herausforderungen.

Insgesamt werden durch Zutrauen und Anerkennung bessere Arbeitsergebnisse erzielt, als das durch andauernde Kontrolle möglich ist. Vertrauen muss es aber auch umgekehrt geben. Es liegt auf der Hand, dass dort, wo Manager hohe Abfindungen kassieren, Mitarbeiter sich aber bescheiden verhalten sollen oder ihnen gar nach jahrzehntelanger Betriebszugehörigkeit von heute auf morgen gekündigt wird, Vertrauen zerstört wird und Misstrauen um sich greift.

---

18   Fredmund Malik: Führen, Leisten, Leben. Wirksames Management für eine neue Zeit, S. 149 f.

8.7   Lob und Kritik – Zeichen von Respekt

»Nicht geschimpft ist schon genug gelobt!« Kennen Sie diese Lebensweisheit?

Die ist natürlich nicht ganz ernst gemeint. Aber im Führungsalltag scheinen sich viele genau daran zu halten: Solang ihre Mitarbeiter/innen keine Fehler machen, äußern sie sich in der Regel überhaupt nicht zu deren Leistungen.

Die Zeitschrift *managerSeminare* hat unter ihren Lesern eine Befragung durchgeführt, die danach forschte, was geeignete Mittel wären, um den Mitarbeitern für besonderen Einsatz Anerkennung zu zollen. Fast drei Viertel der Befragten meinten: durch ausdrückliches Lob (Maßnahmen wie »Sonderurlaub«, »Gehaltserhöhung« oder ein Titel wie »Mitarbeiter des Monats« landeten übrigens weit abgeschlagen im hinteren Feld). Und wann ist der richtige Zeitpunkt für ein Lob? »Egal!«, sagten zwei Drittel der Befragten, »Hauptsache das Lob ist ehrlich gemeint.« 61 Prozent sagten: »Sofort, wenn es einen Grund dafür gibt.«[19]

Überlegen Sie regelmäßig, wer gerade ein Lob verdient hat … Manchmal reicht schon eine kleine Wendung in der Formulierung aus, um Anerkennung auszudrücken – etwa indem man positive Erwartungen äußert anstatt Befürchtungen: »In dieser Woche sind sehr viele Sonderwünsche unserer Kunden zu berücksichtigen. Ich weiß aber, dass Sie das schaffen werden, Herr XY!«

Halten Sie in jeder E-Mail wenigstens *eine* positive Nachricht fest: »Ich freue mich auf Ihre Antwort/vielen Dank für die gute Idee/das ist ja klasse, wie schnell Sie das erledigt haben!« Freundliche Worte, die die Atmosphäre entscheidend beeinflussen …

Loben braucht keine komplizierten Konzepte. Oft tun es auch schon kleine Aufmerksamkeiten wie etwa der Hinweis auf eine Veranstaltung oder einen Artikel in der Fachpresse: »Das wäre doch etwas für Sie!« Sehen Sie zu, dass Sie den Mitarbeiter/innen nicht immer die klassische Flasche Wein schenken, sondern möglichst etwas Persönliches: einen Theaterbesuch, eine Kinokarte, ein Buch über das Hobby Ihres Mitarbeiters … Vielleicht auch Dinge, die gar nichts oder nur wenig kosten. Womög-

---

19   Andrea Bittelmeyer: Vom Wert der Wertschätzung. Anerkennung im Managerleben. In: managerSeminare 138, 2009, S. 20–26.

lich freut sich Ihr Mitarbeiter über einen Artikel, den Sie am Wochenende in der Zeitung entdeckt haben und der sein Hobby betrifft, viel mehr als über eine teure Flasche Sekt. Oder ein Veranstaltungshinweis: »Haben Sie gelesen, nächste Woche ist diese Autorenlesung – das könnte doch etwas für Sie sein?« Oder: »Sie fahren doch im Sommer nach Thailand – nächste Woche gibt's einen tollen Diavortrag darüber.« Oder Sie legen Ihrer Mitarbeiterin (von der Sie wissen, dass sie geologische Interessen hat) einen besonders schönen Stein auf den Schreibtisch oder das Autogramm von einem Prominenten, den Ihr Mitarbeiter bewundert. Oder Sie zeichnen ihr/ihm etwas Lustiges zum Geburtstag oder verfassen ein Gedicht (vorausgesetzt, Sie können *einigermaßen* dichten und zeichnen). Je persönlicher Ihr Geschenk ist, desto besser kommt es an – und desto besser eignet es sich, um Ihren Respekt auszudrücken.

Wichtig ist auch, nicht zu vergessen, dass es Anerkennung nicht nur für die Besten gibt! Ihr Respekt gilt ja auch nicht ausschließlich herausragenden Großtaten – heben Sie getrost auch solide und konstante Leistungen hervor!

Bedanken Sie sich dafür, dass eine Mitarbeiterin oder ein Mitarbeiter mit großer Zuverlässigkeit das Team unterstützt hat, Tag für Tag, seit vielen Jahren – alles das ist nicht selbstverständlich, sondern Grund genug für Dankbarkeit und Respekt.

Doch wie sieht es mit Kritik und Tadel aus? Kann Respekt auch entstehen und wachsen, wenn es ab und zu kritische Töne gibt? Durchaus! Denn auch Kritik ist ein Zeichen von Respekt. Es kommt allerdings sehr auf die Art und Weise an, wie Sie diese vorbringen.

Wenn Kritik ehrlich gemeint ist und glaubwürdig vorgetragen wird, hat sie – ebenso wie ein ehrliches Lob – die Subbotschaft: »Ich nehme dich wahr, du bist mir wichtig!« Dann wird sie zum Ausdruck von *Achtsamkeit und Respekt*.

Das Konzept der gewaltfreien Kommunikation
Der amerikanische Psychologe Marshall B. Rosenberg hat unter dem Eindruck der Rassenauseinandersetzungen in den Vereinigten Staaten das Konzept der »Gewaltfreien Kommunikation« entwickelt. Es äußert Kritik in einer grundsätzlich wertschätzenden Art und Weise, in einem Ton des Respekts. Und verzichtet völlig auf Vorwürfe, Schuldzuweisungen und Angriffe aller Art.

Herzstück ist das Vier-Schritte-Modell, das sich mit den Stichwörtern »Beobachtung«, »Gefühl«, »Bedürfnis« und »Bitte« kurz umreißen lässt:

1. Schritt – Beobachtung mitteilen: »Frau Hellwig, Sie haben in der letzten Woche viermal Ihre Unterlagen auf meinem Schreibtisch liegen lassen.«
2. Schritt – Gefühl äußern: »Das verärgert mich.«
3. Schritt – Bedürfnis formulieren: »Ich möchte einen aufgeräumten Schreibtisch vorfinden, wenn ich ins Büro komme, auf dem nur meine eigenen Sachen liegen.«
4. Schritt – Bitte äußern: »Ich bitte Sie, das in Zukunft zu unterlassen!«

Dieses Konzept gibt dem anderen die Möglichkeit, das Gesicht zu wahren. Wenn es darum geht, dem anderen Feedback zu geben oder Konflikte zu bearbeiten, hat es sich im beruflichen Alltag als ungemein erfolgreich erwiesen. Probieren Sie es aus – nicht nur, wenn Sie kritische Themen ansprechen möchten, sondern auch, wenn Sie jemandem positives Feedback geben wollen. Auch dafür ist dieses Modell hervorragend geeignet.

FEEDBACK GEBEN IN VIER SCHRITTEN NACH MARSHALL ROSENBERG

1. Was ich beobachte:
   – Einverständnis erreichen
2. Was das bei mir auslöst:
   – Meine Gefühle, mein Zustand
3. Warum es das auslöst:
   – Meine Werte, meine Überzeugungen.
4. Was ich mir wünsche:
   – Entwicklungsschritte, Veränderung.

Das respektvolle Kritikgespräch

Auch das arbeitsrechtlich formale Kritikgespräch gehört zu den wichtigen Führungsaufgaben, da es in besonderer Weise zur Verhaltensänderung bei Mitarbeiterinnen und Mitarbeitern beitragen soll. Eine wertschätzende und respektorientierte Art und Weise der Gesprächsführung, belegt ein ureigenes Interesse am Mitarbeiter, zeigt Optimismus hinsichtlich seiner Fähigkeiten und ermöglicht Hilfestellung und Verhaltensorientierung. Und genau darum geht es bei einer Kritik durch die Führungskraft.

Hier einige Tipps:
* Prüfen Sie bei der Vorbereitung eines Kritikgesprächs, ob Sie sich Ihrer Kritikpunkte ausreichend sicher sind. Nur Informationen aus erster Hand zählen. Prü-

fen Sie auch, ob Sie jemanden »auf dem Kieker haben« oder einer allzu kritischen Beurteilungstendenz unterliegen.

* Stellen Sie niemals die Person selbst infrage. Unterscheiden Sie zwischen der Person und ihrer Handlung.
* Überlegen Sie sich, wann Sie den betreffenden Mitarbeiter in letzter Zeit einmal gelobt haben und warum?

Als Leitfaden für ein respektvolles Kritikgespräch empfiehlt sich das Sieben-Phasen-Modell[20]:

Phase 1 Kontakt herstellen	=	Negative Erwartungen dämpfen, neutrales Begrüßungsthema.
Phase 2 Anlass benennen	=	Anlass ohne Wertung erläutern. Deutlich machen, dass es sich um Sachproblem handelt. Bei nicht geklärten Vorwürfen Dritter, Neutralität zeigen.
Phase 3 Stellungnahme des Mitarbeiters	=	Standpunkt ausführlich darstellen lassen. Aktiv zuhören. Durch gezieltes Fragen Informationen sammeln.
Phase 4 Bewertung durch die Führungskraft	=	Mit einem Soll-Ist-Vergleich, bezogen auf die Anforderungen des Aufgabenbereiches, sachlich und konstruktiv kritisieren. Zusammenhänge erklären. Einsicht in die möglichen Folgen des Fehlverhaltens vermitteln.
Phase 5 Gemeinsame Lösung erarbeiten	=	Lösungen und Verbesserungen für die Zukunft gemeinsam erarbeiten. Unterstützung anbieten. Bedenken, dass Ursachen für Fehlverhalten auch in suboptimalen Arbeits- und Betriebsabläufen liegen können.
Phase 6 Verbindlichkeit schaffen	=	Ergebnisse vereinbaren: Wer macht was wozu mit wem bis wann. Termine setzen, an denen die weitere Entwicklung und der Erfolg getroffener Maßnahmen besprochen werden.
Phase 7 Schlusskontakt	=	Konstruktiv enden, z. B. mit einem optimistischen Ausblick; aber auch nicht verwässern und die Bedeutung des Gesprächs im Nachhinein herab spielen.

---

20   Entwickelt von Bernhard Lutz in Anlehnung an ein Trainingstool des Managementzentrums St. Gallen (MZSG).

8.8   In Beziehung gehen

Im Führungsalltag geht nichts über die persönliche Beziehung. Das heißt nicht, dass Sie von jetzt an täglich mit Ihren Mitarbeitern Kaffee trinken sollen. Im Gegenteil: Respekt setzt auch eine gewisse Distanz zwischen den Menschen voraus.

Beziehung ist nicht unbedingt eine Frage von Nähe. Wichtig ist das Interesse und die Achtung vor der Person, begleitet von einem kontinuierlichen Kontaktangebot. Sie können mit einem Kunden in Beziehung sein, den Sie nur einmal im Jahr sehen oder mit Mitarbeitern im Ausland.

Führungskräfte sind in der Regel Experten auf Ihrem Fachgebiet. Doch wer sich allein auf sein Fachwissen stützt, und die persönliche Beziehung zu den Mitarbeiter/innen hinten anstellt, wird es schwerer haben, deren Respekt zu erhalten.

Gewiss: Der Wettbewerb ist härter geworden; immer mehr Projekte, Zusatzaufgaben häufen sich. Die Ansprechpartner wechseln, und es gibt immer weniger Zeit für lange Gespräche … Umso wichtiger ist es in den Unternehmen, immer wieder persönliche Beziehungen aufzubauen und gewachsene Beziehungen zu pflegen. Vordergründig mag das wie ein Zeitfresser wirken, wenn Sie sich »zusätzlich« auch noch um die Beziehungen kümmern sollen. Doch genau das Gegenteil ist der Fall: Je besser Sie einen Menschen kennen, desto besser können Sie einschätzen, wen Sie für welche Aufgaben einsetzen können.

Sie müssen ja auch nicht zwangsläufig zeitraubende Einzelgespräche führen, sondern Sie können dazu Ihre Besprechungen nutzen. Nehmen Sie einfach die ersten paar Minuten für das Persönliche, für die Beziehung/en untereinander oder für die Stimmung im Team. Das könnte folgendermaßen aussehen:

DIE »PERSÖNLICHE« BESPRECHUNG

1. Formulieren Sie eine Frage: z. B. »Wie respektvoll gehen wir im Team miteinander um?« oder »Wie zufrieden bin ich zurzeit mit unserer Zusammenarbeit?« oder »Wie gut ist meiner Meinung nach die Stimmung im Team?«
2. Die Mitarbeiter schreiben eine Zahl von 1–10 (10 bedeutet z. B. sehr respektvoll/sehr zufrieden etc.) auf einen Zettel. Wenn Sie unsicher sind, ob die Antworten wirklich ehrlich ausfallen, können die Mitarbeiter/

innen auch anonym antworten. Dafür braucht es jedoch gleiche Zettel und gleiche Stifte.

3. Dann veröffentlichen Sie das Ergebnis für alle sichtbar und eröffnen das Gespräch mit einer einleitenden Bemerkung wie z. B.: »Was sagen Sie zu diesem Ergebnis? Ist das für Sie überraschend?« Hören Sie zunächst aufmerksam zu und verzichten Sie auf eigene, vorschnelle Interpretationen.

»Wie geht es Ihnen?«
Auch diese Frage können Sie in Besprechungen in einer kurzen Einstiegsrunde stellen. Auch wenn Sie viele fachliche Themen auf der Agenda stehen haben … Als Führungskraft, die eine Besprechung leitet, fragen Sie einfach in die Runde hinein: »Bevor wir jetzt loslegen mit unserem Thema, bitte ich Sie, kurz zu sagen, wie es Ihnen geht. Nur einen oder zwei Sätze. Beziffern Sie Ihr Befinden auf seiner Skala zwischen 1 und 10. Wenn Sie heute Morgen Bäume ausreißen könnten, sagen Sie ›10‹. Wenn Sie mir am liebsten antworten würden: ›Ach, lassen Sie mich bloß in Ruhe mit Ihren Fragen‹, dann sagen Sie ›0‹. Oder irgendetwas dazwischen.«

Bitten Sie also jeden Teilnehmer eine Zahl zu nennen und diese mit einigen Sätzen zu kommentieren. Das dauert wirklich nicht lange, aber es fördert die persönliche Beziehung zwischen den Menschen.

Achten Sie auch einmal darauf, wie Sie flüchtige Begegnungen gestalten. Mit dem neuen Mitarbeiter, der Ihnen auf dem Weg zum Kopierraum über den Weg läuft zum Beispiel. Schauen Sie ihn an? Sprechen Sie kurz mit ihm oder sind Sie in Gedanken ganz woanders? Nutzen Sie die Chance für ein paar persönliche Worte! Der Mitarbeiter wird sich beachtet und wertgeschätzt fühlen und gerne an die kurze Begegnung mit Ihnen zurückdenken – vielleicht noch viel länger als Sie selbst.

Die Beziehung per E-Mail
Apropos E-Mail-Flut: Haben Sie die jüngste E-Mail Ihres Teamleiters gelesen? Haben Sie schon geantwortet? Wenn nicht, dann haben Sie vielleicht unwillentlich den Nährboden für quälende Spekulationen bereitet … Kommt Ihnen das übertrieben vor? Bedenken Sie, dass Sie als Führungskraft unentwegt Signale aussenden, selbst wenn Ihnen das gar nicht bewusst ist – ja selbst wenn Sie etwas *nicht* tun (manchmal gerade dann).

Im Übrigen ist es eine Unart, einem Mitarbeiter, der direkt im Nebenzimmer sitzt, nahezu jede Mitteilung per E-Mail zuzustellen. Stehen Sie auf und sprechen Sie persönlich mit ihm! Nicht nur Ihre Mitarbeiter, auch ihre Bandscheiben werde es Ihnen danken.

Bedenken Sie:
* Miteinander sprechen ist persönlicher, als einander zu schreiben!
* Handgeschriebenes ist persönlicher als digital Geschriebenes, das per E-Mail kommt!

»Freundliche Worte«

Denken Sie nicht: »Wer braucht schon ›Freundliche Grüße‹?« Jeder braucht sie! Grüße sind ein purer Ausdruck von Höflichkeit. Erweitern Sie Ihre freundlichen Grüße doch einfach nur um ein paar wenige persönliche Worte: z. B. »Ich wünsche Ihnen ein schönes Wochenende!« Nur ein paar Worte mehr und Sie sprechen den Menschen vor dem Bildschirm als Menschen an und hinterlassen einen Eindruck Ihrer Persönlichkeit. Dazu kommt, dass Gewohntes in der Regel gar nicht mehr gelesen wird. Bringen Sie mehr als die gewöhnlichen Höflichkeitsfloskeln hinein und schon ist ihnen Aufmerksamkeit gewiss!

Auch »danke« sagen ist eine gute Möglichkeit, seinen Respekt auszudrücken. Schreiben Sie nicht »i. O.« (= »in Ordnung«), schreiben Sie stattdessen: »Klasse, vielen Dank!« Da freut sich der Empfänger viel mehr, und die Stimmung im Büro wird gleich einen bisschen besser.

Mit einem anderen Menschen aktiv in Beziehung zu gehen – mündlich oder schriftlich – gehört zu den schlichten und grundsätzlichen Ausdrucksformen von Respekt.

9 Erfolgsfaktoren für eine respektvolle Unternehmenskultur

Respekt steht hoch im Kurs. Überall wird über ihn gesprochen, überall wird er gewünscht, ja eingefordert. Warum? Es liegt auf der Hand: Weil er oft fehlt! Außerdem belegen aktuelle Studien: Wo Respekt gelebt wird, befördert das auch den wirtschaftlichen Erfolg eines Unternehmens.

Argumente für Respekt im Unternehmen
- Die Mitarbeiter sind *motivierter* und weniger krank.
- *Potenziale* jeglicher Art im Unternehmen werden besser genutzt.
- Respekt fördert das positive *Image* eines Unternehmens. Wo Respekt gelebt wird, kann sich ein Unternehmen nach innen und nach außen als attraktiver und glaubwürdiger Arbeitgeber positionieren. Dadurch entstehen messbare Wettbewerbsvorteile. Mitarbeiter werden leichter gewonnen und länger gehalten – und im Wettbewerb um die besten Talente hat ein Unternehmen, das den Respekt hochhält, die Nase vorn. Nicht ohne Grund macht Toyota weltweit mit dem Spruch »Respect for People« auf sich aufmerksam.
- Wo Respekt gelebt wird, vermittelt sich dies auch den Kunden, stimmt sie zufrieden(er) und bindet sie ans Haus.

Trotz all dieser Vorteile bedarf es vielfach noch einer Menge Überzeugungsarbeit, damit Respekt als unternehmerische Ressource wirklich genutzt wird.

Respekt im Unternehmen verankern
Wie kann ein Unternehmen ein internes und externes Umfeld für Respekt schaffen? Wie können Sie als Führungskraft das Thema »Respekt« im Unternehmen wirksam werden lassen, sodass alle Beteiligten gut damit zurechtkommen?

Die Schlüsselfragen, um zu klären, welche Rolle Respekt in Ihrem Unternehmen zukünftig spielen soll, lauten:

> SCHLÜSSELFRAGEN
>
> - Brauchen wir Respekt, um morgen am Markt erfolgreich zu sein?
> - Was ist der Nutzen, der Gewinn für Belegschaft, Arbeitsplatz und Markt?

Begründen Sie die Notwendigkeit der Veränderung, wenn Sie die angestrebte Respektkultur in Ihrem Unternehmen beschreiben. Die Veränderung einer Unternehmenskultur beginnt auf höchster Ebene. Bestimmen Sie deshalb nicht sofort Beauftragte für diese Aufgabe. Die Veränderung der Unternehmenskultur ist eine gemeinsame Aufgabe; doch die Führung des Unternehmens gibt die großen Linien vor. Je klarer diese Vorgaben sind, desto erfolgreicher wird die Umsetzung auf den nächsttieferen Ebenen sein.

Überlegen Sie sich, wofür Sie und Ihr Unternehmen wirklich stehen. Klären Sie vorab Fragen wie: Was ist der genaue Unterschied zwischen Ellbogenmentalität und gesundem Ehrgeiz? Wo verläuft die exakte Grenze zwischen Illoyalität und Treuepflicht? Jedem Mitarbeiter und jeder Mitarbeiterin muss deutlich sein: Ja, *genau so* wollen wir unsere Geschäfte abwickeln – und *so* wollen wir das auf *keinen* Fall! Alle müssen wissen, wo das Unternehmen den Schwerpunkt setzt, und die Rückendeckung der Führungskräfte dabei spüren. Und natürlich müssen alle Mitarbeiter sicher sein können, dass sie durch moralisch korrektes und respektvolles Verhalten ihre Karriere nicht gefährden.

Wenn Sie sich im Unternehmen darüber im Klaren sind, was Sie wollen und was nicht, dann werden Sie sich gezielt dem Thema »Respekt« zuwenden. Eine gute Möglichkeit dafür ist die Methode der sogenannten *Appreciative Inquiry*, der »wertschätzenden Erkundung«.

»Appreciative Inquiry« (=AI) ist ein Werkzeug der Organisationsentwicklung. Die Grundfrage bei diesem Ansatz lautet: *Was läuft gut?* und nicht: *Wo drückt der Schuh?* Nicht die Defizite und Probleme werden also in den Blick genommen, sondern alles, was in einem Unternehmen bereits *gut* funktioniert. Die Methode beleuchtet, mobilisiert und fördert die Stärken und Potenziale, die in den einzelnen Mitarbeitern, in den jeweiligen Organisationseinheiten und im gesamten Unternehmen stecken.

Teilnehmerinnen und Teilnehmer, die an einem AI-Prozess teilnehmen, kommen aus allen Hierarchien, Arbeitsfeldern und Altersstufen.

»Was läuft gut? Welche *Erfolgsgeschichten* spielen sich bei uns ab?« Auf der Basis solcher Fragen machen sich alle zusammen Vorstellungen über die Zukunft des Unternehmens, präzisieren diese Vorstellungen und planen konkrete Maßnahmen. Nichts ist motivierender für alle Beteiligten, als zu sehen, dass gute Ideen auch umgesetzt werden.

Die Vorteile dieses Vorgehens liegen auf der Hand: Alle Teilnehmer werden aktiv in sämtliche Arbeitsprozesse mit einbezogen; ihre Ideen und Energien werden optimal genutzt. Das ist gut für die Motivation. Und bei der Umsetzung ziehen alle am gleichen Strang … Außerdem: Erfolgsgeschichten hören alle gern. Sie machen deutlich, dass es weit mehr positive Dinge im Unternehmen gibt als zunächst vielleicht angenommen.

In Interviews werden anhand eines Leitfadens Fragen gestellt wie die folgenden (siehe Kasten). Diese Fragen können Sie zunächst für sich selbst beantworten und dann auch an die Mitarbeiter im gesamten Unternehmen weitergeben:

WERTSCHÄTZENDE FRAGEN

- Bitte erinnern Sie sich an Ihre Anfangszeit im Unternehmen. Wie sind Sie zu uns gekommen? Was hat Sie zu uns hingezogen? Was waren Ihre ersten Eindrücke? Was hat Sie begeistert?
- Wann und wo haben Sie in unserem Unternehmen Respekt besonders deutlich beobachtet und erlebt? Was genau ist da geschehen?
- Was und wer sind die Kräfte, die bislang für Respekt sorgten? Wie haben sie das erreicht?
- Was tut das Unternehmen bereits im Hinblick auf ein respektvolles Miteinander?
- Was können wir tun, damit Respekt in Zukunft noch mehr gelebt wird?
- Für welche Leistungen im Hinblick auf Respekt sollte es unbedingt Anerkennung geben?
- Welche konkreten Maßnahmen könnten den wechselseitigen Respekt zusätzlich fördern?
- Wenn Sie drei Dinge verändern könnten, um den Respekt im Unternehmen nachhaltig zu steigern, was würden Sie tun?
- Stellen Sie sich vor, Ihr Unternehmen ist in zehn Jahren über Ihre kühnsten Träume hinaus erfolgreich geworden. Respekt genießt in Ihrem Unternehmen nun die höchste Priorität. Wie genau hat sich das Unternehmen verändert?

Die *Appreciative-Inquiry*-Methode geht davon aus, dass alle Ressourcen, die es zur Bewältigung von Herausforderungen braucht, im Unternehmen bereits vorhanden sind. Ob Sie den Prozess selbst initiieren oder externe Beraterinnen oder Berater damit beauftragen – wichtig ist immer, dass die entsprechenden Fragen genau auf die spezifischen Bedürfnisse Ihres Unternehmens zugeschnitten sind: auf individuelle Einflussfaktoren wie Branche, Produkte, Kunden, Personalstruktur, Rahmenbedingungen, unternehmensspezifische Faktoren und die vielfältigen kreativen Interessen der im Unternehmen wirkenden Menschen.

Konsequentes Führungs- und Personalmanagement
Es gibt eine Vielzahl von passenden Instrumenten für ein Unternehmen und seine Führungsmannschaft, um Respekt sichtbar und für alle spürbar im Arbeits- und Führungsalltag zu gestalten.

- Bewerberinterviews
  Das Gespräch mit den Bewerbern muss so gestaltet werden, dass es auf Augenhöhe stattfindet. Es muss auf eine respektvollen Art und Weise geführt werden, sodass die Kandidaten Wertschätzung erfahren. Dies bedeutet nicht, dass man sie nicht auf Herz und Nieren prüfen darf, nur dass die eingesetzten Verfahren objektiv sein müssen und niemanden herabwürdigen sollen.
- Personalauswahl
  Achten Sie darauf, dass schon beim Anforderungsprofil für neue Führungskräfte auch das Leitbild »Respekt« eine Rolle spielt! Beobachten Sie genau: Gehen die Kandidaten respektvoll mit den Mitbewerbern um? Passen die Kandidaten zu der am Respekt ausgerichteten Kultur Ihres Unternehmens? Wie kommunizieren sie – bauen sie Brücken durch ihre Worte oder stellen sie beim Sprechen lediglich sich selber aufs Podest? Können sie für ein gemeinsames Ziel auch einmal von sich persönlich absehen – oder geht es ihnen eher doch immer nur um die eigene Reputation?
- Einarbeitungsphase
  Sprechen Sie bei neuen Mitarbeitern und Mitarbeiterinnen gleich am Anfang die Bedeutung des Respekts im Unternehmen an? Wer macht das? Für neue Führungskräfte kann »Respekt« auch erst einmal bedeuten: »Ich füge mich ein, mache mich mit allem vertraut, ich spreche achtungsvoll von meinem Vorgänger – auch wenn ich möglicherweise vieles verändern will.«
- Teamentwicklung, Training und Coaching
  Respekt ist nichts Selbstverständliches, sondern eine Haltung, um die wir uns immer wieder bemühen müssen. Sonst geht er unbemerkt verloren. Nur wo Res-

pekt aktiv vermittelt und gelebt wird, wird er zum Ausdruck gelebter Kultur. Und nur dort entfaltet er seine Wirkung. Sorgen Sie dafür, dass das Thema »Respekt« immer im Bewusstsein Ihrer Mitarbeiter bleibt! Das Wissen um Respekt und Ethik in der Wirtschaft muss immerzu weiterentwickelt, vermittelt, reflektiert und stets aufs Neue aufgefrischt werden, sonst gerät es nur allzu leicht unter die Räder.

Das Thema geht die Auszubildenden ebenso an wie Mitarbeiter und die Manager in den Führungsetagen. Wenn Sie daher sicherstellen wollen, dass Ihre Mitarbeiter und Mitarbeiterinnen hervorragend motiviert sind und dass Ihre Führungskräfte optimale Arbeit leisten, dann lassen Sie in Ihrem Betrieb regelmäßig Seminare, Workshops und Veranstaltungen zum Thema durchführen, damit niemand überhaupt auf den Gedanken kommen kann, es ginge schließlich auch ohne Respekt

- Führungsinstrumente
  Gestalten Sie Mitarbeitergespräche, Konfliktgespräche und Mitarbeiterbeurteilungen so, dass Respekt inhaltlich thematisiert wird. Und trainieren Sie Ihre Führungskräfte darin, dass Respekt in der Art und Weise, wie diese Instrumente angewandt werden, auch spürbar wird.

Aber wie lässt sich die Qualität des in Ihrem Unternehmen gelebten Respekts überhaupt objektiv einschätzen?

Ist Respekt messbar?
Wenn Sie eine Kultur des Respekts in Ihrem Unternehmen fördern wollen, möchten Sie die Fortschritte natürlich auch feststellen können.

Geht das überhaupt? Muss es nicht ausreichen, wenn der Respekt voreinander allgemein im Bewusstsein ist? Lässt Respekt sich messen – und wie? Vielleicht anhand der Trainingseinheiten und Workshops, die stattgefunden haben? Am Umfang der diesbezüglichen Aktivitäten in Ihrem Unternehmen? An der Anzahl der einschlägigen Pressemitteilungen, die Sie verschickt haben? Wohl kaum.

Machen Sie deutlich, was Sie erwarten. Es reicht nicht aus, lediglich vage zu formulieren: »Sauber bleiben – keine Korruption!« Klar muss sein: Nein, es ist *nicht* korrekt, sich von wichtigen Kunden Fußballkarten schenken oder sich ins Theater einladen zu lassen. Und es muss klar sein, was der einzelne Mitarbeiter konkret tun soll, wenn der Lieferant X dergleichen anbietet. Was ist in Ordnung und was nicht? Wie verhalte ich mich im konkreten Einzelfall? Ist es erlaubt, während der Arbeitszeit private E-Mails zu lesen oder nicht? Beispiele gibt es viele. Verpflichten Sie all Ihre Führungskräfte auf das Leitbild »Respekt«!

Wenn Sie ohnehin Befragungen unter Mitarbeitern und Kunden durchführen, dann bauen Sie doch in Zukunft Fragen zum Thema Respekt mit ein.

Oder Sie verpflichten Mitarbeiter und Führungskräfte dazu, direkt und selbst nachzufragen z. B. im Anschluss an ein Gespräch oder eine Beratung oder eine Dienstleistung oder im Verkauf. Wenn dieses Feedback überdies in Stichworten festgehalten wird, kann es bewertet und genutzt werden. Durch direktes Nachfragen lassen sich gleich mehrere Ziele gleichzeitig erreichen: Die Mitarbeiter signalisieren unmittelbar Respekt vor den Bedürfnissen der anderen; sie erhalten das Feedback schneller und aus erster Hand und sie üben sich in Beziehungspflege.

Respekt erkennen Sie auch ganz schnell daran, wie Unternehmen mit Mitarbeiterinnen und Mitarbeitern umgehen, die es schwerer haben als andere. Zum Beispiel mit Ungelernten, Älteren oder mit Menschen, bei denen eine besondere Herausforderung in der Integration von Beruf und Familie besteht oder die teilzeitbeschäftigt sein möchten. Oft braucht es dabei Lösungen, die auf den jeweiligen Einzelfall zugeschnitten sind. Und die Gewissheit, dass diese Lösungen von der Unternehmensspitze mitgetragen werden. Stehen diese Mitarbeiter bei den betreffenden Firmen wirklich im »Mittelpunkt«? Wenn ja – dann »Respekt«!

Wenn Führungskräfte beurteilt werden
Sorgen Sie dafür, dass bei der Leistungsbeurteilung von Führungskräften immer auch das Thema »Respekt« eine Rolle spielt. Wenn Mitarbeiter/innen ihre Vorgesetzten beurteilen sollen (etwa im Rahmen eines 180-Grad-Feedbacks), dann achten Sie darauf, dass diese Beurteilung auch den »Respekt« mit einbezieht – wie überhaupt alle Wertaspekte, die sich aus dem Leitbild des Unternehmens ableiten. Sie können jedoch auch mit einem 360-Grad-Feedback (hier wird die Führungskraft von verschiedenen Perspektiven, den Mitarbeitern, dem direkten Vorgesetzten, internen Schnittstellen und externen Kunden beurteilt) den Stellenwert von Respekt platzieren.

SCHLÜSSELFRAGEN FÜR DIE LEISTUNGSBEURTEILUNG

- Gelingt es der Führungskraft, Respekt und Führung miteinander zu verbinden?
- Denkt sie daran, auf das Thema zu Respekt verweisen, während sie die Vision des Unternehmens zur Sprache bringt?
- Wie trifft die Führungskraft Entscheidungen? Bezieht sie das Thema Respekt mit ein?
- Wie geht sie mit den Unterschiedlichkeiten der Menschen um?
- Kennt und berücksichtigt die Führungskraft auch das wirtschaftliche Motiv für den effektiven Umgang mit Respekt?

Machen Sie sich Gedanken darüber, wie sich respektvolles Verhalten belohnen lässt: Wenn sich etwa Kunden positiv äußern über einen Mitarbeiter, der besonders hilfsbereit war, der geduldig individuelle Wünsche erfüllt hat etc. – kann dieses freundliche Feedback nicht in ein Punktesystem einfließen, das Auswirkung auf eine mögliche Beförderung hat?

Und auch umgekehrt: Was ist, wenn sich Kunden *beschweren*? Wenn Sie als Führungskraft von Kunden immer wieder hören: »Ihr Mitarbeiter XY hat angerufen und sich am Telefon unmöglich verhalten/war äußerst unhöflich/hat es fehlen lassen an jeder Form von Respekt« – das könnte sich gleichfalls in einem Punktesystem niederschlagen.

Machen Sie es allen deutlich: Respektlosigkeiten werden konsequent geahndet – Grenzüberschreitungen sind riskant. Legen Sie offen, was respektloses Verhalten für den Ruf und die Geschäftsbeziehungen Ihres Unternehmens bedeutet und – wenn es sein muss – auch für die Karriere des betreffenden Mitarbeiters.

Respektaktivitäten

Es gibt viele Möglichkeiten, respektvolles Verhalten im Unternehmen zu fördern. Hier einige Anregungen – natürlich ohne jeden Anspruch auf Vollständigkeit!

- Schreiben Sie einmal im Monat einen Rundbrief und erwähnen Sie darin, was alles gut gelaufen ist im Unternehmen – besonders im Hinblick auf Respekt.
- Veröffentlichen Sie im Jahresabschluss Ihres Unternehmens regelmäßig eine Werte-Bilanz – und räumen Sie dabei auch dem Respekt seinen angemessenen Platz ein.

- Geben Sie der Marketingabteilung Ihres Unternehmens die Aufgabe, eine Anzeigenkampagne zu entwickeln zum Thema »Respekt«. Jeder Mitarbeiter, jeder Gast, jeder Kunde, der kommt und die Bilder sieht, merkt sogleich: »Aha, hier wird das Thema ›Respekt‹ hochgehalten!« Aber Achtung: Beim Marketing allein darf es nicht bleiben, Respekt muss gelebt werden!
- »Respektgeschichten« – so könnte eine neue Rubrik in der Mitarbeiterzeitung heißen! Darin können alle nachlesen, welche Erfahrungen Mitarbeiter und Mitarbeiterinnen mit dem Thema »Respekt« gemacht haben, wie der gegenseitige Respekt das Betriebsklima positiv beeinflusst, wie er Karrieren beflügelt und wie er sich beim geschäftlichen Erfolg des Unternehmens auswirkt – in allen Einzelheiten.
- Gründen Sie eine Werteinitiative! Stellen Sie eine Gruppe von Führungskräften, Mitarbeitern und Mitarbeiterinnen zusammen – eine »Respektgruppe«! Lassen Sie dabei Kooperationen zu, auch über Abteilungsgrenzen hinweg. Die Respektgruppe soll die Rolle des Respekts in Ihrem Unternehmen in den Blick nehmen und Fragen klären, die in dieser Hinsicht einer besonderen Behandlung bedürfen. Stellen Sie am Anfang in aller Deutlichkeit und Klarheit fest, dass die geplante Werteinitiative zu keinem theoretischen Gerüst verkümmern darf. Richtig und gut sind vor allem jene Ideen und Initiativen, die realisiert, gelebt und weiterentwickelt werden können. Nicht Masse, sondern praxisorientierte Klasse ist gefragt.
- Führungskräfte könnten Respekt *unterrichten,* zum Beispiel bei den Auszubildenden. Oft lernt der Unterrichtende mehr als die Schüler.
- Führungstraining einmal anders: In sozialen Organisationen – zum Beispiel in einer Wohngruppe mit schwer erziehbaren Jugendlichen oder in einem Zentrum für Menschen mit Behinderung oder bei einem Projekt mit Obdachlosen – gibt es ausgesprochen viel zum Thema Respekt zu lernen.

Sie haben es längst gemerkt: Es gibt eine Menge Möglichkeiten, den Respekt im Unternehmen in den Vordergrund zu rücken und dafür zu sorgen, dass er nie mehr in Vergessenheit gerät. Eine verantwortungsvolle Unternehmensführung wird den Gedanken des Respekts auf allen Ebenen fördern.

Nachwort

Respekt im Job ist ohne Anstrengung nicht zu haben – doch der Lohn ist groß. Er zeigt sich in höherer Produktivität, in Wettbewerbsvorteilen und in der besseren Entfaltung von Mitarbeiterinnen und Mitarbeitern.

Respekt ist keine Ware, kein Buch, das wir ins Regal stellen können und auch kein Feuerlöscher, der in der Ecke steht, sondern eine Qualität, die jeden Tag auf das Neue gelebt werden will.

Viele Instrumente und Ideen sind dabei hilfreich. Entscheidend jedoch ist die Haltung eines jeden Einzelnen und die Erkenntnis, dass es effektiver und nützlicher für alle ist, wenn wir beginnen, uns als Menschen wahrzunehmen und neugierig auf die Talente, Ideen und Erfahrungen anderer sind.

Sie können jetzt das Buch zur Seite legen und sofort damit beginnen – wo immer Sie jetzt gerade sind, zu Hause oder im Büro. Schauen Sie sich um, wechseln Sie die Perspektive und gehen Sie auf Entdeckungsreise.

Was läuft gerade gut in Ihrem Umfeld? Wie respektvoll gehen Sie miteinander um? Wo stoßen Sie immer wieder an Grenzen?

Sie können sich vornehmen, Konfliktsituationen ab sofort anders anzugehen als bisher; Sie können beschließen, sich eher an Stärken als an Schwächen zu orientieren, oder den Wunsch nach mehr Respekt im Team zu äußern. Sie haben die Freiheit, öffentlich Ihre eigene Überzeugung zu äußern und immer wieder anerkennende Formulierung einfließen lassen.

Jedem Menschen steht es frei, eine Kultur des wechselseitigen Respekts im eigenen Umfeld zu fördern. Spüren Sie die Herausforderung, die darin liegt? Dann sind Sie auf dem guten Weg und werden bald auch merken, welche Freude es bereitet, eine Kultur gegenseitigen Respekts nach und nach im eigenen Unternehmen zu etablieren.

Jeder einzelne Mitarbeiter und jede einzelne Mitarbeiterin, der/die sich aktiv um Respekt bemüht, bringt Nutzen für alle. Wer den Wandel zu einem respektorientierten

Unternehmen möchte, wird daher nicht zögern, im eigenen Wirkungsbereich damit zu beginnen.

Büro für Training Coaching Supervision

Andrea Lienhart
Talstraße 32
79102 Freiburg
info@andrea-lienhart.de
Telefon: 0761/70436820
www.andrea-lienhart.de

Literatur und Webadressen

Aden, Klaus: *Geld verdirbt den Charakter – oder?*. 12. LAB Managerpanel,durchgeführt von der internationalen Personalberatung LAB Lachner Aden Beyer & Company in Kooperation mit der Wirtschaftswoche. Düsseldorf, 2007.

Akademie für Führungskräfte der Wirtschaft: *Führen in der Krise – Führung in der Krise? Führungsalltag in deutschen Unternehmen*. Akademie Studie: Befragung der Akademie für Führungskräfte. Überlingen, 2003.

Bauer, Joachim: *Prinzip Menschlichkeit. Warum wir von Natur aus kooperieren*. Heyne, München 2008.

Bauhofer, Bernhard: *Respekt. Wie man kriegt, was für kein Geld der Welt zu haben ist.* Salis, Zürich 2008.

Bittelmeyer, Andrea: *Gekonnt das Gute erkennen* in: managerSeminare Nr. 114, 2007, S. 53–57.

Bittelmeyer, Andrea: *Vom Wert der Wertschätzung. Anerkennung im Managerleben.* In managerSeminare 138, 2009, S. 20–26.

Bucksteeg, Mathias/Hattendorf, Kai: *Führungskräftebefragung 2009;* eine Studie der *Wertekommission – Initiative wertebewusste Führung* in Zusammenarbeit mit dem *Deutschen Managerverband*. Bonn 2009.

Deep White GmbH/Institute for Media and Communication Management St. Gallen: *Wertekultur und Unternehmenserfolg*. Bonn 2004.

Fisher, Roger/Ury, William/Patton, Bruce: *Getting to Yes. Negotiating Agreement Without Giving In*. Deutsch: *Das Harvard-Konzept. Der Klassiker der Verhandlungstechnik*. Campus, Frankfurt am Main 2009.

Hansen, Hartwig: *Respekt. Der Schlüssel zur Partnerschaft.* Klett-Cotta, Stuttgart 2009.

Lienhart, Andrea: *Ein Fall von Selbstcoaching;* in: Sabine Asgodom (Hrsg.): Die Frau, die ihr Gehalt mal eben verdoppelt hat. Kösel, München 2008.

Lienhart Andrea: *Auf Augenhöhe. Wie Sie ganz einfach mehr Respekt bekommen*. Kösel, München 2016.

Luhmann, Niklas: *Vertrauen. Ein Mechanismus der Reduktion sozialer Komplexität.* UTB, Stuttgart 2000.

Lutz, Bernhard: »Das etwas andere Mitarbeitergespräch«. PDF Datei unter www.lutzberatung.de

Malik, Fredmund: *Führen, Leisten, Leben. Wirksames Management für eine neue Welt*. Campus, Frankfurt am Main 2014.

Mettler-von Meibom, Barbara: *Gelebte Wertschätzung. Eine Haltung wird lebendig.* Kösel, München 2007.

Mettler-von Meibom, Barbara: *Wertschätzung. Wege zum Frieden mit der inneren und äußeren Natur.* Kösel, München 2007.

van Quaquebeke, Niels: *Das Gehalt kann es nicht mehr sein.* In: Brand eins 09/2019.

van Quaquebeke, Niels/Zenker, Sebastian/Eckloff, Tilman: *Who cares? The importance of interpersonal respect in employees' work values and organizational practices.* In: HAFOS, Hamburger Forschungsberichte zur Sozialpsychologie, Fachbereich Psychologie, Arbeitsbereich Sozialpsychologie, Nr. 71, 2006.

Rosenberg, Marshall B.: *Gewaltfreie Kommunikation: Eine Sprache des Lebens.* Junfermann, Paderborn 2007.

Schulz von Thun, Friedemann: *Miteinander reden, Band 3: Das innere Team und situationsgerechte Kommunikation.* ro ro ro, Reinbeck, 2010.

Sennett, Richard: *Respekt im Zeitalter der Ungleichheit.* Zeitverlag Gerd Bucerius GmbH & Co. KG, Hamburg 2016.

Strobl, Ingrid: *Respekt. Neue Ansichten zu einer alten Tugend.* SWR 2 Leben, Ausstrahlung am 5. Juni 2008.

Strobl, Ingrid: *Respekt, der von Herzen kommt.* In: Psychologie heute 9/2008.

Wilde, Mauritius: *Respekt. Die Kunst der gegenseitigen Wertschätzung.* Vier Türme, Münsterschwarzach 2020.

Zeuch, Andreas/Hänsel, Markus: *Intuition im Management. Auf die innere Stimme hören.* In: managerSeminare Nr. 69, September 2003.

Links:

»*Great Place to Work*«-Institut stellt sich und Deutschlands bester Arbeitgeber vor: www.greatplacetowork.de

Anlaufstelle für Unternehmen: www.ethikverband.de

Spirituelle Führung und Wertorientierung in der Wirtschaft: www.spiritual-venture.net

Stichwortverzeichnis